丘吉尔传

张小铁◎著

时代文艺出版社

图书在版编目（CIP）数据

丘吉尔传 / 张小铁著 . —2版 . —长春：时代文艺出版社，2016.4（2023.7重印）

ISBN 978-7-5387-5107-9

Ⅰ.①丘… Ⅱ.①张… Ⅲ.①丘吉尔，W.L.S.（1874～1965）－传记 Ⅳ.①K835.617=5

中国版本图书馆CIP数据核字（2016）第001698号

出 品 人　陈　琛
责任编辑　余嘉莹
装帧设计　孙　利
排版制作　隋淑凤

丘吉尔传

张小铁　著

出版发行 / 时代文艺出版社

地址 / 长春市福祉大路5788号　龙腾国际大厦A座15层　邮编 / 130118

总编办 / 0431-81629751　发行部 / 0431-81629755

官方微博 / weibo.com / tlapress　天猫旗舰店 / sdwycbsgf.tmall.com

印刷 / 北京市一鑫印务有限公司

开本 / 710mm×1000mm　1 / 16　字数 / 156千字　印张 / 12

版次 / 2016年4月第2版　印次 / 2023年7月第3次印刷　定价 / 36.00元

授奖辞

Award-winning Remarks

由于他在描述历史与传记方面之造诣，同时由于他那捍卫崇高的人的价值的光辉演说。

——诺贝尔奖委员会

目录

序言　一曲生命的乐章 / 001

第一章　学生时代

　　1．涩味童年 / 002

　　2．显赫出身 / 006

　　3．小学生活 / 010

　　4．哈罗公学 / 016

　　5．桑赫斯特军校预备班 / 020

　　6．桑赫斯特军校 / 025

第二章　军旅生涯

　　1．第四轻骑兵团 / 032

　　2．古巴之行 / 035

　　3．驻军班加罗尔 / 038

　　4．马拉坎德激战 / 041

　　5．尼罗河上的战争 / 047

　　6．南非历险 / 053

第三章　步入政坛

　　1．反叛的新议员 / 064

　　2．殖民地事务副大臣 / 070

　　3．双喜临门 / 074

　　4．青云直上 / 078

5. 海军大臣 / 082

第四章　宦海浮沉

1. 军需大臣 / 090

2. 身兼数职的内阁大臣 / 096

3. 财政大臣 / 100

4. 在野岁月 / 105

5. 洞察世界风云 / 111

第五章　临危受命

1. 临危受命 / 122

2. 不列颠之战 / 129

3. 世界反法西斯联盟 / 135

4. "火炬"计划 / 142

5. "霸王"行动 / 146

6. 荣获诺贝尔文学奖 / 154

7. 晚年岁月 / 158

附　录

丘吉尔生平 / 168

获奖辞 / 172

获奖时代背景 / 173

丘吉尔年表 / 177

获奖当年世界大事记 / 182

丘吉尔是世界百年一遇的伟人。面对人生的起起伏伏，他勇敢坚强，奋发有为，决不放弃；面临世界的风云突变，他临危不惧，慷慨激昂，鞠躬尽瘁。在领导英国人民对德意法西斯进行艰苦卓绝、大智大勇的斗争中，集中体现了他对大英帝国的大爱深爱。在他的人生字典里永远也找不到"失败"二字，他早已把自己的一切奉献给祖国和人民。正是这种勇敢坚强和大爱深爱铸就了一代伟人——丘吉尔。

时至今日，丘吉尔依然被大多数英国人看作是最伟大的首相。在2002年由BBC主办的"最伟大的100名英国人"民意调查中，丘吉尔仍高居榜首。

丘吉尔出生在贵族家庭，祖先的丰功伟绩与父辈的政治成就，为他提供了学习的榜样，树立了人生目标，也培养了他对祖国的责任感，成为丘吉尔一生不懈追求和建功立业的强大动力。

他少年时代像一匹桀骜不驯的野马，是学校里出名的"劣等生"，但丘吉尔有自己的理想和追求，执着于属于自己的那片天空。丘吉尔虽未上过大学，但他通过刻苦自学和磨炼，掌握了渊博的知识和多方面的才能，终于成为20世纪杰出的演说家，安邦治国的政治家，著作等身的作家，诺贝尔文学奖获得者，是"我们生活的时代里最杰出和多才多艺的人"。

丘吉尔面对人生挫折和政坛风波从不灰心丧气，总是以民族大义为重，镇定自若而又坚韧不屈。26岁当议员，33岁当大臣，在初涉政坛的道路上，真可谓春风得意。然而这颗政坛崛起的新星，却走着一条曲折坎坷的道路。

在半个多世纪的政治生活中，他在九个部的大臣位置上换来换去，还曾几次失去大臣的职务，最长的一次长达十年。但倔强的性格和强烈的使命感帮助他一次又一次重新站立起来，最终登上了光辉的顶峰。

很多人认为，英国如果没有丘吉尔，第二次世界大战的历史可能就要重写。在英国处于生死存亡的严峻关头，丘吉尔临危受命，肩负起祖国赋予他的光荣使命。他用坚强、无畏、果断的品质和强烈的爱国热情，激发起英国人民的顽强斗志和必胜信念，赢得了世界一切正义力量的拥护，结成了世界反法西斯战争的强大联盟，为世界反法西斯战争的最后胜利做出了巨大贡献。

丘吉尔在其就职演说中曾坚毅地说："我没有别的，只有热血、辛劳、眼泪和汗水贡献给大家。"丘吉尔这种不屈不挠和无私奉献的精神，赢得了英国乃至世界人民的信任和敬仰。《星期日泰晤士报》评论说："今天，温斯顿·丘吉尔不仅是英国精神的化身，而且是我们的坚强领袖。不仅英国人，整个自由世界都对他无比信任。"

但是，有爱必有恨。丘吉尔受贵族出身的影响和保守的资产阶级思想的局限，导致他对社会主义国家的仇恨，对本国工人运动和殖民地民族独立斗争的镇压。然而，他尤其仇视那仇视整个人类的法西斯。在社会大变革中，他出于对人类正义的追求、对祖国的热爱和对战胜法西斯的坚定信念，他与英国人民和美、苏联一道勇敢地与希特勒展开了长达六年之久的艰苦卓绝的斗争。

与其说战争造就了一代伟人丘吉尔，不如说战争为丘吉尔显示自己的才华提供了广阔的舞台。丘吉尔勇敢顽强、永不屈服的精神和鞠躬尽瘁死而后已的情怀，必将给生活在这个充满竞争和挑战时代的青少年以激励和启发。

第一章　学生时代

1. 涩味童年

1874年11月29日夜晚，英格兰牛津郡的布伦海姆宫正在举行一场盛大的舞会。身怀7个多月身孕的珍妮夫人，不顾丈夫伦道夫·丘吉尔勋爵的劝阻，执意拉着伦道夫参加舞会。

在悠扬的舞曲声中，珍妮夫人看着那些贵族男女翩翩起舞，情不自禁地轻轻摇晃着身体，心早已融入舞会之中。她多么希望能到舞池里一展自己优美的身姿，可是一想到几天前和众人出去打猎摔跤的那一幕就心有余悸，再也不敢冒险了。

可是看着看着，她实在忍不住了，便不由自主地拉着伦道夫步入了舞池。她正跳在兴头上，突然肚子像针刺一般疼痛起来，浑身直冒冷汗，不禁失声大叫起来。人们手忙脚乱地把她扶到附近的一个女更衣室里。

11月30日凌晨1点30分，温斯顿·丘吉尔就这样匆匆忙忙地来到了人间。婴儿响亮的啼哭声，打破了这座华丽宫殿的宁静，仿佛在向世界宣告：这是一个不同凡响的人物！人们纷纷议论："早产得贵子。"

伦敦《泰晤士报》按照当时上层社会的传统，及时在头版发布了一条简短的公告："伦道夫·丘吉尔夫人于1874年11月30日晚，在布伦海姆宫早产一子。"当晚，教堂还敲响为他祝福的钟声。

温斯顿的诞生，让初做母亲的珍妮感到自豪和喜悦。

像温斯顿这样的名门望族和富贵人家的小孩，很少能享受到平民百姓家的天伦之乐。根据当时的英国传统，这个阶层的人自己不抚育孩子，总是习惯于把孩子交给保姆照管。年轻的母亲往往"回避抚育孩子的责任，而满足于一天之中带'小宝贝'或'小闺女'在楼下的客厅中逗着玩一两次，孩子只是供他们玩赏的小猫小狗而已"。

丘吉尔的父母尤其如此。他的父亲伦道夫在结婚之前，经他父亲举荐，当选为他的家族所控制的牛津郡伍德斯托克镇的下议院议员。他只热衷于功名利禄，只想着怎么往上爬，哪里有闲工夫关心幼小的丘吉尔。在丘吉尔儿时的记忆中，父亲只是一位板着面孔、令人望而生畏、动辄喜欢训人的人物。

而他的母亲，更是一位闲不住的人，是上流社会有名的交际花。她美貌、聪敏、风度优雅，很得英国上层社会的喜欢。英国贵族中的杰出人物都来登门拜访，保守党领袖迪斯雷利首相更是他家的常客。丘吉尔在他早年的回忆录中写道："我的母亲在我眼中永远像一位神仙公主，一位容光焕发具有无限才能的女性。"

此外，珍妮还是一个出色的钢琴家、有才华的画家，又善于写妙趣横生、感情细腻的书信，还喜欢骑射。母亲有这么多的爱好与活动，哪还有精力花在儿子的身上。因此母亲在幼小的丘吉尔心中的印象"就像夜晚的明星一样照耀着我。我深深地爱着她"，可是这种爱就像星星一样"却总是在一段距离之外"。

父母完全地把儿子交给一位40岁开外的保姆——伊丽莎白·安·爱维莉丝特太太。慈爱善良的爱维莉丝特太太对待小温斯顿悉心照料，关怀备至，他们之间结下了深厚的感情。保姆总喜欢亲昵地叫丘吉尔为"温尼"，丘吉尔也亲热地叫保姆为"爱姆"，意思是慈爱的保姆。

丘吉尔小时候难得见到自己的亲生父母，"爱姆"就成了与他朝夕相亲相伴的唯一亲人，"从小爱维莉丝特太太照顾我，呵护我，我有任何困难都会向她倾诉，她也会像慈母般安慰我。在我幼小的心灵中，她就是我的母亲"。

"温尼"脸蛋长得圆圆的，灵活机动的眼睛，闪出蓝色的晶莹的光辉，表现出无比聪慧与勇敢。他刚学会走路，就使劲地甩开保姆牵着的手，独自歪歪斜斜地走着，即使跌倒，脸上也露出得意的笑容，从不气馁，显得分外倔强和可爱。

他说话有点口吃，有时发音不清。但他却是一个特别饶舌的孩子，从学会说话起，就几乎没完没了地说个不停，好像别人都得听他发号施令似的，显得非常自信和固执己见。随着年龄的增长，他的这些特点越来越突出。

在丘吉尔幼小的心灵中，"爱姆"为他播下了第一个爱国主义的种子。她充满深情地向他讲述自己家乡肯特郡，说它是"英国的花园"，那里有遍布原野的草莓、樱桃、李子……鲜花盛开，硕果满枝。这激起了在城里生活的孩子对乡下美好生活的无限神往，保姆的家乡就是丘吉尔幼小心灵中的人间天堂。

在丘吉尔以后的人生中，真的在肯特郡的恰特维尔盖起了一栋宅院，并且在那里享受着温馨的晚年。

"爱姆"谆谆教导他：英国是世界上最美丽的国家，而肯特郡又是英国最好的地方；一个热爱自己家乡的人，一定也会百倍地爱着自己的民族。在丘吉尔幼小的心灵中，"爱姆"让他接受了朴素的爱国主义教育。

在丘吉尔孤寂的童年中，结识了一个非常可爱却从未见面的耶拉姐姐。"温尼"常常安静地躺在童车里，入神地听着"爱姆"绘声绘色地描述着牧师的女儿耶拉的故事（"爱姆"曾经在英格兰的坎布里亚郡一个牧师家里当保姆）。

耶拉甜美的脸蛋，银铃般的笑声，绰约骄人的身姿，经常栩栩如生地在丘吉尔眼中出现，她成了小丘吉尔的玩伴、小姐姐。他们常常在一起玩耍、斗嘴，这给他孤寂的童年带来了欢乐和温馨。

在丘吉尔朴素的阶级感情中，有一颗对下层平民同情爱护的心。他从小就受"爱姆"那种民间低教派教义潜移默化的熏陶。"爱姆"来自民间，她相信低教派注重为人的勤劳、朴实善良和富有同情心等传统信念和伦理的教义，不喜欢高教派繁文缛节的仪式。

丘吉尔一生虽然不信任何宗教，但他在当大臣、首相以后，却很少有官气，对普通人、穷人比较平易近人，从中不难发现保姆的思想、品德对他耳濡目染的教益。

"爱姆"是丘吉尔学前的启蒙老师，步入人生第一步的好向导。小时候照料他的是"爱姆"，上学时经常写信并来校看望他的也是"爱姆"，受到同学欺侮和老师鞭笞后给予他爱抚的还是"爱姆"。爱维莉丝特太太的慈爱深深地烙在温斯顿的脑海中，很多年以后还念念不忘。

1894年7月，爱维莉丝特太太病逝。当得知"爱姆"病危的消息，丘吉尔冒着暴雨前去看望她。他走到"爱姆"的身边时，"爱姆"已经处于半昏迷状态，她见到深爱的"温尼"，嘴角露出一丝微笑，安详地离开了人世。"我很怀念她，她一直是我出生到20岁时最好的朋友。如果没有她，我的童年将是黯淡的；如果没有她，我大概也没有今天的成就。"

爱维莉丝特太太的画像，一直挂在国务活动家丘吉尔的办公室里。

在都柏林的时候，除了保姆"爱姆"，5岁时父母还为他请了一位家庭女教师。她的主要任务是教丘吉尔识字和算术。学识字，还比较简单，可面对需要没完没了演算的算术，他一开始就感到枯燥无味。"这些复杂的东西，给我每天的生活投下大片阴影。它们让我远离儿童房或花园里的一切有趣的事情。"

他要母亲向老师求情。母亲虽然推崇美国的自由宽松的教育方式，但是"入乡随俗"，她不得不遵从英国贵族对孩子从小进行严格教育的模式，她"几乎总是和家庭教师站在同一边"，对儿子的要求置之不理。

丘吉尔只好"自己解放自己"。经常瞒着女教师跑到那间影响他一生的儿童房去玩，有时候竟然不顾教师的阻止，明目张胆地跑到那间屋子里，倔强地把门拴上，让人奈何不得。

那间儿童房，是他专有的儿童乐园，里面有一大堆玩具。他有时用幻灯机在白色幕布上放映着生动的图画，有时开着一辆逼真的现代化的汽车在轨道上奔驰。

最有趣的还是妈妈送给他的"那些漂亮的礼物，士兵、旗子还有城堡，它们太棒了"。一大堆兵器，上千个铅铸的士兵，在他的想象中就是他手下的千军万马，而他就是司令。小小年纪，调兵遣将，发号施令，玩不厌的搏斗、拼杀，过不尽的将军瘾。从这个玩了十几年的游戏中，培养了他争强好斗的个性和出人头地的领袖欲望。

2. 显赫出身

丘吉尔家族的历史很不寻常。他的父亲伦道夫·丘吉尔是马尔巴罗家族第七代公爵约翰·温斯顿·斯潘塞·丘吉尔和弗朗西斯公爵夫人的第三个儿子。英国除了王室外，公爵家族总共不超过20个，其中马尔巴罗家族按封爵的次序排在第十位。

本书的主人公温斯顿·丘吉尔有一个很长的名字叫：温斯顿·伦纳德·斯潘塞·丘吉尔。这个长达四节的全名，全部来自他祖先的姓名中，没有一个是这位书中主人公自己所独有的。英国贵族尊重传统，给孩子起名时往往把那些有显赫地位和战功的祖先的名字用在自己孩子的名字中，借此显示家族世代兴旺发达，并激励孩子光宗耀祖。

丘吉尔的四节全名中，后两节"斯潘塞·丘吉尔"是他的复姓，前两节的名字中，"温斯顿"则是马尔巴罗家族的第二代祖先"温斯顿·丘吉尔"的名字，而"伦纳德"则是他的外祖父"伦纳德·杰罗姆"的名字。下面我们便从这复杂姓名中来认识一下丘吉尔的显赫出身。

丘吉尔是他第一代祖先的姓。经过考证，丘吉尔的第一代祖先约翰·丘吉尔，生活在17世纪，是多塞特郡的法律学家，铁杆保皇派。

而斯潘塞与丘吉尔构成复姓，则是发生在马尔巴罗公爵五世时的事。因为第一代马尔巴罗公爵逝世后，由于儿子早逝，英国议会鉴于他的功绩，通过一项特别议案，由他的女儿继承公爵的爵位和领地。

大女儿成为女公爵，由于她没有直系继承人，于是爵位又传给她妹妹的次子查尔斯·斯潘塞(长子继承了父亲的伯爵爵位)。他作为姨母封号继承人，成为第三代马尔巴罗公爵。

因此，这一公爵爵位便在斯潘塞家族内代代相传。传到第五代公爵时，为了使家族姓氏同其显赫的祖先第一代马尔巴罗的姓氏联系起来，便奏请国王将两个家族的姓氏连在一起，构成复姓，称为"斯潘塞·丘吉尔"。从此以后，马尔巴罗公爵的后代就复姓为"斯潘塞·丘吉尔"。

温斯顿是他的第二代祖先的名字。生活在1620年至1688年的那位老温斯顿·丘吉尔，早年从军，在英国资产阶级大革命中站立在贵族一边，替国王查理一世同克伦威尔的军队打仗，很快升为骑兵上尉。1649年，资产阶级和新贵族当权，查理一世被国会判处了死刑。此时，背运的保皇党军官温斯顿·丘吉尔也只好解甲归田。

1660年，逃亡到法国的查理二世从多维尔登陆，在英国复辟了君主制，温斯顿时来运转，被封为爵士（爵士也译作骑士，是一个荣誉称号，并不是贵族）。并赐予他持有自己族徽的权力。他为丘吉尔家族选择的族徽"忠诚，然而却不走运"，至今仍是该家族的座右铭。

老温斯顿·丘吉尔的儿子中，有个叫约翰·丘吉尔（1650—1722年），即本书主人公的第三代祖先马尔巴罗公爵，是世代望族马尔巴罗家族的开创者，也为马尔巴罗家族奠定了坚实的经济基础。

约翰·丘吉尔原是英国王室约克公爵的侍从，从军后立过战功，成为英国皇家骑兵团上校，被封为男爵。

1685年，约克公爵继位，是为詹姆斯二世。约翰上将在平定前国王查理二世的私生子蒙默斯公爵篡夺王位的叛乱中，展现出过人的才能，为歼灭叛军立下汗马功劳，随后便晋升为少将，封为伯爵，上升到贵族阶层。此后的约翰便飞黄腾达，青云直上。

但是就是在三年之后，王室内爆发了新旧教派之争的"光荣革命"，信奉新教的约翰·丘吉尔竟然站到了詹姆斯二世的对立面，转而支持新国王威廉三世，在扶持威廉三世争取王位的斗争中，立下了卓越战功，不久又被威廉三世封为侯爵。

约翰28岁时同颇受安妮公主宠爱的侍女莎拉·杰宁斯结婚。莎拉是一个精力充沛、有进取心的女人，并且得到了安妮公主的很大恩惠。1702年，威廉三世逝世，因无子嗣，便由安妮公主继承了王位。此后约翰夫妇更是如鱼得水，官运亨通。很快安妮女王便任命约翰为国外军队的总司令，奔赴荷兰，指挥英、荷、德诸国"强大联盟"，取得了马斯河战役的胜利，迫使法军撤退。

回国后，因为战绩显著，约翰被女王封为马尔巴罗公爵，成为英国政界权倾一时的风云人物。

1703年第一代马尔巴罗公爵重返欧洲大陆，指挥"强大联盟"联军，在布伦海姆战胜了法国及其盟军。安妮女王为了表彰马尔巴罗一世取得的伟大功绩，破例给予其巨额的赏赐。除享受5000英镑的年金以外，还赐给牛津伍德斯托克地区王室土地中的数千英亩，又拨给他50万英镑，为他修建一座雄伟豪华的宫殿。这座据说比皇宫还精美阔绰的宫殿，被命名为布伦海姆宫。

此外，德国皇帝赐予马尔巴罗公爵"罗马帝国公爵"的称号，直到今天，马尔巴罗公爵的子孙还可以享用这个称号。

在丘吉尔的人生中，第一代马尔巴罗公爵对他的影响无疑是十分巨大的，他的丰功伟绩和显赫战功永远是他一生向往和追求的目标，为他后来成为一代名相起着激励和鞭策作用。

马尔巴罗公爵这时已经传到第七代，即本传记主人公丘吉尔的祖父约翰·温斯顿·斯潘塞·丘吉尔。祖父5个儿子中有3个夭折。长子乔治后来成为第八代马尔巴罗公爵。第三个儿子即丘吉尔的父亲伦道夫·亨利·斯潘塞·丘吉尔，生于1849年，在仕途上也曾显耀一时，成为仅次于英国首相的财政大臣。

丘吉尔的降生让马尔巴罗家族为公爵的继承人感到不安。因为他的伯父，即未来的马尔巴罗第八代公爵只有一个儿子，身体非常羸弱，万一有个三长两短，那么，按照英国当时的法律，马尔巴罗爵位和领地就该由温斯顿·丘吉尔继承了。在二十多年的漫长时间里，一直存在着这种可能性。幸好九世公爵后来得子，丘吉尔才没有成为马尔巴罗家族的继承人。

否则，按照英国的规定，贵族一定是上议院的议员，而上议院的议员就不能当选为权力很大的下议院议员；而不具备下议院议员的身份，就不能出任内阁大臣。所以，身为贵族，实际上就丧失了在政治上大展雄图、大显身手的资格。

我们无法得知当时的温斯顿·丘吉尔是否有过成为公爵的愿望。但历史事实证实，没有可以继承的爵位和领地，对丘吉尔来说反而是好事。因为他后来所获得的一切远远比爵位要大得多。

至于伦纳德，是丘吉尔外祖父伦纳德·杰罗姆的名字。杰罗姆是美国纽约的百万富翁，是成功的股票经纪人、金融家和报业大亨，还是纽约音乐学院的创建人和美国赛马运动的元老。无论在胆识、才能、品格、事业各方面，都是当时屈指可数的名人。一个世纪前，他的先人曾在华盛顿的军队中为美国独立而战。他的妻子是个大美人，有1/4的易洛魁人血统。

"我的外祖母——伦纳德的太太，在普法战争爆发之前，带着她的几个女儿来到巴黎；由于战乱，她们又从巴黎来到伦敦。她们在英国住了数年，并结识了不少朋友。珍妮·杰罗姆小姐在1873年夏去考斯城游览时，遇见了我的父亲伦道夫·丘吉尔勋爵。她当时在纽约、巴黎和伦敦的上流社会里，是最著名的美女之一。伦道夫·丘吉尔勋爵对她一见倾心，并于数月之后即与之结为伉俪。"

丘吉尔复杂的姓名，简要地记录了他父母家族的显赫背景和复杂迥异的血缘关系。或许，正是英国血统的父亲和美国血统的母亲的优良基因天衣无缝完美组合，才诞生了这位充满睿智的政治活动家和著作等身的文学家。

3. 小学生活

丘吉尔7岁那年，到上学的年龄了，父母把他送到阿斯科特的圣乔治贵族子弟学校读书。此时，马尔巴罗公爵一家住在伦敦。

英国政府办了两所赫赫有名的中学——伊顿公学和哈罗公学，贵族和官僚子弟都在这里接受严格的系统教育，英国政坛历届高官名流，大多都有这两所贵族学校的学历。这两所学校都是设在伦敦郊区，是实行封闭管理的寄宿学校，只有寒暑假学生才能回家。

　　进伊顿或哈罗以前，先要读相当于小学阶段的预备学校。从伊顿公学毕业的伦道夫为儿子选择了全国第一流的公立圣乔治学校，这是一所模仿伊顿学校建立起来的寄宿学校。教学设备和条件特别好，学费自然也很昂贵。

　　校园内有一个豪华的游泳池，一个宽大的足球场和板球场，甚至使用了当时尚属罕见的电灯。每个班只有10个学生，全部教师都由穿长袍、戴方帽的硕士担任。学校每学期还举办两三次长途旅行，组织学生到风景优美的名胜古迹旅游观光。

　　在11月某日的一个下午，天空淅淅沥沥地下着小雨，温斯顿被母亲送到圣乔治学校。

　　听校长介绍每天都要上七八个小时的课，连橄榄球也是必修的课程。望着周围生疏的一切和妈妈远去的背影，丘吉尔心中突然涌起一阵悲酸，觉得自己好像是一个被遗弃的孩子，孤寂无助。于是他马上想起了"爱姆"，怀念那支玩具部队，留在家里多好啊！

　　傍晚，一个老师把丘吉尔带到教室，从桌子上拿起一本绿色封皮的书，翻到其中一页，指着几行字，要他半小时内把它记熟，交代完毕老师就走了。

　　英语和拉丁语使用相同的拉丁字母，丘吉尔还没有学过拉丁语，只好用英语的读法把这几行字强记下来。

　　半小时后，老师果然走进教室，对这个新生进行智力摸底测试。丘吉尔不知所云地把这几行字背出来，老师点点头表示满意。

　　丘吉尔觉得受到了鼓励，就壮胆问道："老师，这个词是什么意思？"

老师回答说："桌子。"

"为什么叫它桌子呢？"

"桌子就是桌子。你如果还不明白，就去问桌子，问它为什么要叫桌子。"老师不耐烦地说。

"但是，我可从来没有这样做过。"纯真的丘吉尔听了老师的解释后十分惊异，老实地回答着，却不知老师说的是气话。

"你下次再这样无礼，我就要严厉地处罚你！"老师很生气地说。

这是丘吉尔第一次接触拉丁文，也是第一次认识到这所学校这么严格的规矩。从这以后，小丘吉尔学拉丁文的欲望被这位严厉的老师给扑灭了，此后一直也没有学好拉丁文。他不明白，为什么老师那么凶，为什么要花费那么多的工夫和气力学习这些外国古人的语言。

这以后，凡是他不能理解、不感兴趣的东西，他都不愿意学习，也一定学不好，这一点直接导致他几年后考哈罗公学时经历了几次失败。

校长斯尼德·基纳斯里是个高教派年轻牧师，四年前他抱着专为伊顿公学输送学童的目的，创办这所学校。他一方面用烦琐的宗教仪式对学生进行精神奴役，另一方面又用罗马天主教管理教会那一套森严的办法来体罚学生，为人非常刻板，颇为冷酷。

丘吉尔经常看到，校长每月至少有两三次将全体学生召集到图书馆里，一两个有过错的学生被班长强拖到隔壁的房间，校长用鞭子狠狠地抽打他们，直到鲜血直流为止，其余的学生坐在那里浑身战栗，静听他们疼痛的喊叫，这是杀鸡给猴子看。更使人烦恼的是，学校还常常在教堂里举行高教派的烦琐宗教仪式。

因此，丘吉尔在这里读书时身心方面从未得到任何慰藉，体验到的却是肉体的摧残和精神的奴役。丘吉尔后来在回忆录中写道，这所学校"体罚学生的残忍程度，我想就是司法部办的少年感化院也不及它"。

温斯顿在家里自由惯了，养成了桀骜不驯的性格，他不愿意遵守学校那一套管教制度，开始有所反抗。不久他就因为不听话而遭受了一顿鞭笞，即使被打得皮开肉绽，他也绝不哭泣呻吟，而是咬紧牙关，噘起嘴巴，绷紧圆脸，斜瞪着眼。接着第二次、第三次又接踵而来，挨打几乎成了家常便饭。

有一次，丘吉尔趁校长不在，拿起他的一顶硬编草帽丢在地上，把它踩得稀烂，出了一口挨打的恶气。

多年来他一直对这个学校和鞭打他的那位校长怀恨在心。直到他进了军事学校，还跑回阿斯科特来同老仇人算账，可是那时这所学校的主人已经死了，学校也已经关闭。

1941年10月，当英国处于抗击希特勒的险恶境地时，丘吉尔向小学生发表演说，高呼："决不屈服！决不屈服！"全身快速奔流的热血中，也激荡着当年反抗圣乔治学校残酷体罚学生的勇气。

他的成绩一天不如一天，后来的考试除了英语外，几乎全是倒数第一。阿斯科特的生活使温斯顿的健康受到损害，身心遭受伤害。丘吉尔后来在一部回忆录中写道：

"我在那里过了两年多的不安生活。我在功课方面收益甚少，我天天计算着每个学期的终了，何时可以逃避这令人生厌的奴隶生活而回到家去，并在我的游戏室的地板上，把我的那些兵器和兵俑摆成作战的阵式。在那期间，我的最大的乐趣就是阅读课外读物。

"在我9岁半时，我父亲给了我一本《金银岛》，我手不释卷地阅读。学校的老师们看出我既落伍又早熟，所看的书超过我的年纪，然而在本班中却成绩最劣。他们对我大为不悦，施加种种强迫手段，但我顽强抵抗，我行我素，不受他人制约！"

然而，两年的逆境生活，幼小的自尊心一次次被挫伤，稚嫩的身体承受着一遍遍的鞭打。他从来就不把学校里发生的这些挫折告诉父母和尊敬的"爱姆"，这一切都只有小丘吉尔一个人默默忍受，更加锻炼了他反抗不羁的性格，增强了他在困难面前永不屈服的意志力。正是从小养成的无所畏惧的个性，才会有了他今后在政治生涯中的不折不挠的斗争精神。

1884年放暑假回来，"爱姆"发现"温尼"身上的鞭痕，立即告诉了伦道夫夫妇。在父母的一再追问下，丘吉尔才告诉他们自己在圣乔治学校所受到的不公正待遇。

伦道夫似乎明白了孩子成绩差的原因，他知道个性倔强、不受约束的丘吉尔是接受不了圣乔治古板严厉的管教的。家庭医生给他检查了身体，让他在家休养和治疗一段时间，并建议他转学到海边度假胜地布莱顿，边学习边疗养。

在丘吉尔没到新的学校去的这段时间，除了在家疗养，他还跟着父亲去了一趟巴黎。这趟旅游是丘吉尔与父亲为数不多的亲密接触，却加深了对父亲的理解与敬重。

在巴黎街头，丘吉尔站在圣女贞德的雕像前久久地凝视着，被这位十八九岁的小姑娘英姿飒爽、英勇威武的形象深深感动。爸爸告诉他，在十五世纪英法两国之间爆发的一场战争中，法国农家姑娘贞德说服国王，给她一支队伍去解救被困的奥尔良市。

随后由她带领的这支军队，经过几天几夜的浴血奋战，终于打败了英军，成功地解救了奥尔良，被人们称为光荣的"奥尔良姑娘"。

第二年在一次激烈的战斗中贞德被英军俘虏，她临危不屈，被处以火刑。人们为了纪念这位为自由而战的女英雄，就在巴黎中心为她立了一座雕像，供人们万世瞻仰。从那以后，为祖国自由而战的神圣信念就深深地刻在丘吉尔的心中。

1885年，丘吉尔来到英国南部海滨城市布莱顿，进了汤姆逊两姐妹办的一所学校，在那学习了三年。新学校里的环境要宽松得多，尽管丘吉尔还是那样不守纪律和执拗，仍然是学校里最不守规矩的学生，但他再也不用担心受到体罚了，教学方法也不那么苛严。学校里开设了他喜欢的英语、法语和历史。他开始学会写文章，还背会了许多诗歌。

此外学校还组织学生开展骑马、游泳和跳舞等活动。

由于心情愉快，少受拘束，温斯顿在布莱顿学校里的学习有了较大的进步。

1886年3月，温斯顿生了一场大病，因患感冒而转成肺炎，一度高烧不退。肺炎在今天看来不是什么大病，可在当时，尤其是对一个不满十二岁的孩子来说，无疑是致命的。他的父母闻讯后立即赶来看他时，他已是神志不清，奄奄一息了。后经过抢救才脱离危险。又进行了一个多月的精心治疗，丘吉尔才从病魔的掌心中逃脱出来。

关于治好丘吉尔的肺炎，还有一件趣事。他童年时一次不小心掉进泥沼边的粪池里，好在一个叫弗莱明的农夫及时将他救起。几天后，伦道夫为了报答这个农夫，驾着一辆马车停在弗莱明家门前说："我要报答你，好心的人，你救了我孩子的性命。"

弗莱明果断地回答说："我不能因为救了你的孩子而接受报酬。"

这时，他的儿子走出茅屋。伦道夫问："这是你的儿子吗？"

"是的。"农夫很骄傲地回答。

伦道夫忽然想出了一个好主意，便说："我们来订个协议吧，你救了我的儿子，让我来培养你的孩子，让他接受良好的教育。因为有你这样的好父亲，他将来一定会成为一个令你骄傲的人。"

弗莱明答应了。后来，他的儿子从圣玛丽医学院毕业，并成为闻名世界的医学家。他就是盘尼西林（青霉素）的发明者和诺贝尔医学奖获得者弗莱明·亚历山大爵士。丘吉尔的肺炎就是被这个刚发明的新药盘尼西林治好的。这也许就是人们所说的"好心有好报"吧。

1888年3月，温斯顿13岁多时结束了在布莱顿的学习。

4. 哈罗公学

丘吉尔在布莱顿读了三年书，本来应该被送进全国最好的伊顿公学继续学习，但是父亲伦道夫却把他送进稍逊一筹的哈罗公学接受进一步的教育。也有说，这是因为伊顿位于低地，而哈罗位于高山。哈罗的地理位置对刚患过肺炎、身体虚弱的温斯顿有益。但是，除了气候的因素外，温斯顿淘气、功课不好也是一个主要的原因。

进入哈罗公学之前，温斯顿必须参加入学考试，目的是要了解一下他在拉丁文、希腊文、英文、历史、几何和数学等学科的学习程度。哈罗公学新上任的校长威尔登博士显然不会将地位显赫的伦道夫勋爵的儿子拒于门外，入学考试不过是走过场。可是未谙世事的丘吉尔不知这些人情世故，还是为考试作了认真的准备。

不过，一开始数学就没有考及格。接着考拉丁文作文时，头脑像懵了一样，一片空白，两个小时的考试，只写了一个字，还用括号把它括起来，然后涂上浓浓的墨，再打上几个黑点，结果交了白卷。

在返回布莱顿的火车上他就病倒了。然而第二天丘吉尔却出乎意料地收到了入学通知书。丘吉尔在回忆这段生活时写道："我刚满12岁便走进冷酷的考试领域，这对我是一种很大的折磨。我愿意参加历史和英文测验，但主考方面却偏重拉丁文和数学。而这两门功课，我几乎都不能给出满意的答案。"

年轻的威尔登校长的好意和热心并未就此结束，可能是出于对教育事业的追求和教学方法的探究，他对丘吉尔在拉丁文方面表现得几乎弱智的行为，给予极大的帮助。尽管他很忙，但每周还三次抽出做晚祷前的15分钟为丘吉尔做个别辅导。

但一见到拉丁文就头疼的丘吉尔，拉丁文的阅读和写作水平仍然没有多少长进，辜负了校长的一番盛情和努力。直到二十年后，丘吉尔在议会发表演讲时，引用拉丁文警句，还发现阿斯奎斯首相由于听不明白，脸上表现出痛苦和惶惑的表情。

长大以后，每当回忆起威尔登校长，丘吉尔心里就感到十分内疚。如果不是威尔登校长破格录取他这个顽劣的学生，如果不是这位校长重视他的某些特长，没有把他当作不可救药的学生而开除或勒令退学，哪有日后丘吉尔的成才成名，飞黄腾达。回忆起在哈罗公学的经历，他心中充满着对威尔登校长的感恩和敬重，他还特地请已是主教的这位校长为他主持婚礼。

因为考试成绩差，他被编在四年级学习成绩最差的一个班，最末的一个组。从此，温斯顿成为全校引人注目的倒数第一名。哈罗公学点名时，按照成绩的好差排成一列长队，一个个地应声从点名教师的身边经过往前走，排在队伍末尾的丘吉尔地位就显得格外卑下。

常常有许多同学盯着他，还不时地冲他做鬼脸，发出不怀好意的嘘声。因此，每次点名时，他都浑身不自在，这更加加深他对学习的厌恶，增加对嘲笑他的人的憎恨。

丘吉尔的父亲伦道夫，利用党内建党进行派别斗争，并用极力讨好工人阶级的手腕，谋取了保守党领导人之一的地位。1886年7月保守党在议会选举中获得大胜，索尔兹伯里出面组阁，35岁的伦道夫担任地位仅次于首相的财政大臣，并当上了保守党的下议院领袖。他野心勃勃，仍然向往着更高的地位，急于登上首相的宝座，甚至不择手段。

1886年12月，他为了强行使他的缩减军费开支的财政预算方案得到通过，竟以辞职要挟首相索尔兹伯里，没料到首相居然同意他辞职。从此，结束了他短暂的政治生涯。这时，他才想起关心和了解儿子的学习情况。

一次，他同许多家长一道参观哈罗公学，正值学校点名。学生长队缓缓走过，看到排在最后面的儿子，还仿佛听到别人的冷嘲热讽："瞧，这就是伦道夫的儿子，全队最后的一个！"伦道夫心中涌起了父子同是天涯沦落人的伤感，脸上流露出无可奈何的痛苦表情。

丘吉尔内心充满了孤单、寂寞和遭受冷遇之痛，无奈中向妈妈发出了恳求："请千万千万千万千万千万千万来看看我……请务必来，那么多次我盼望您的到来，但又都使我那样失望。"妈妈珍妮往往答应得很好，但来探望儿子的次数仍然非常少；即使在儿子的假期，她也很少在家，总有应酬不完的社交活动。只有"爱姆"还一如既往地关心爱护他，并经常到学校看望他，写信鼓励他。

一次，在校园外的森林边，丘吉尔看到几个学生朝他指手画脚，心中的怒火似火山般突然爆发，他义愤填膺地朝其中的一个大个子大吼一声"我要揍你！"随即就向对方的脸上狠狠地打上了一拳。此时，丘吉尔心中积淀已久的愤怒、仇恨、屈辱、伤感，好像在那一瞬间全部倾泻出来，眼泪不知不觉哗啦啦地流下来。

他跑到森林中，两眼模糊，任带刺的灌木划破胳膊，跌跌撞撞地向前跑。他来到一所破旧的房子旁，窗玻璃上浮现出自己污秽的、沾满泪水和尘土的脸。当看到自己的窘相，才意识到刚才冲动的举止是多么荒唐可笑。他对着镜子中的自己说："温斯顿，你太不争气了，难道你需要别人的同情怜悯吗？不是，那你为什么会失去理智！你忘记你的理想了吗？"

气愤至极，他回头从地上抓起一块石头，向窗子里的自己砸去。他在心里大声地对自己说："不屈服！永不屈服！"

丘吉尔固执偏科，一意孤行，对自己感兴趣的课就听，不感兴趣的课则不予理睬。他不遵守学校的规章制度，喜欢过一种自由自在、不受拘束、独立不羁的生活，是学校出了名的劣等生。为此，校长不得不给他警告处分。一次，校长非常严肃地对他说："丘吉尔，我有很充分的理由对你表示不满。"

丘吉尔针锋相对地回答道："而我，先生，也有非常充分的理由对您表示不满。"

温斯顿的这种倔强性格使得他的父母大伤脑筋，老师们对他的诡异行为表现也很不理解，只有他的美国外祖父伦纳德·杰罗姆对他表现出豁达乐观的态度。老杰罗姆说："让他去吧！男孩子在找到了可以显示才能的场合后，自然会变好的。"

的确，人生的舞台总处在不断地变换之中，丘吉尔在他后来的人生道路上，确实找到了适合他演艺的舞台，这也印证了他外祖父的那句话。

他在哈罗学习也留下了不少闪光点。他对自己爱好的学科，比如历史，他充分地显示出足够的学习才能，也能取得优异的成绩。此外他还继承了父亲的非凡记忆力。

有一次，他背诵麦考利关于古罗马的一首长诗，背了1200行竟然一字不错，令老师和同学们惊叹不已。他还能背诵莎士比亚作品中的大段台词。当老师在讲课时引述《奥赛罗》或者《哈姆雷特》有了误差时，他总是不放过机会去纠正老师。

像温斯顿这样年龄的孩子，自然也免不了有调皮捣蛋的时候。

一天，他做完作业之后，到游泳池边，看到一个又矮又瘦的学生身上披着毛巾，立在池边沉思。丘吉尔的坏点子马上蹦出来了。于是他趁人不备，猛地将那人推入水中。只见这个落水者从水沫中露出一张愤怒的脸，并敏捷地爬上池岸。

丘吉尔见势不妙，转身就跑。但已经来不及了，落水者上岸后，像老鹰抓小鸡一样，凶狠地抓住他的脖子把他拖进深水中，狠狠地灌了他几口水，待丘吉尔狼狈地爬上岸时，被一群幸灾乐祸的孩子团团围住。

"这下你可惨了！"他们说，"你知道他是谁吗？他是六班的班长艾默里，是健身房的冠军，还是足球队的队员……这回你可算找错对象了。"

丘吉尔这才意识到自己犯了大错，想想自己又不是人家的对手，好汉不吃眼前亏，就主动认错。"非常抱歉！是我错了。我不该小瞧个子不高的人。我的父亲是一位大人物，他的个子也不高，今后你一定会成为大人物。"

丘吉尔的真诚，赢得了对方的谅解，顿时间，紧张的氛围得到化解，落水者内心的气愤消失得无影无踪，脸上也露出了笑容，只是说："下次不能再这样了。"

经过这件事，丘吉尔明白了他人的优点仅仅靠肉眼是看不到的。这以后他渐渐养成了做任何事情都要事先去作充分调查研究的良好习惯，为他将来在仕途上的发展奠定了良好的行为品质基础。

5. 桑赫斯特军校预备班

那个时代，名门望族出身的青年男子所热衷的职业是当牧师、法官和军官。伦道夫在为18岁的温斯顿的前途计划着：当牧师和法官需要有雄厚的古文基础，各门功课都要突出；而丘吉尔只有历史和英文成绩好，另外擅长击剑、游泳和骑术，看来除了当军官外别无选择。

一个偶然的机会，父亲伦道夫走进孩子们的游戏室，看见丘吉尔和弟弟又在指挥锡兵开战，双方调兵遣将，模拟实战场面进攻对方，对敌方的进攻死防严守。大概有20分钟，父亲没有说一句话，默默地在一旁观战。这是破天荒的事，丘吉尔高兴得直掉眼泪。随后父亲面带微笑地问道：

"温斯顿，你想当军人吗？"

"是的！爸爸，我以后还要当司令官！"丘吉尔十分响亮地回答。他以为父亲发现了他有军事天才，其实父亲不过认定他的智慧不够当牧师和学法律，不能实现他政治上未遂之志。

后来，丘吉尔在回忆录中说："我那时若统领一支部队一定很荣耀，有气派，有尊严，有指挥权，并且能够在战场上冲杀，实现自己的心愿，实现自我理想。"

事实证明，伦道夫为孩子选择了一条正确的人生道路。

丘吉尔在哈罗的后几年，就是在该校的军校预备班度过的。进这个班也要经过考试，但是学军事是他的夙愿和追求，考试一点也不害怕，复习的效果好得出奇。他发愤苦读几个月，考前几分钟还拿出填写新西兰地图的卡片来熟记硬背，加上猜中了一道题目，这个平时成绩总是倒数第一名的学生竟然考上了。

而有些平时成绩比他好的同学，却在投考这个被讥为"蠢材的天堂"的军校预备班当中，考得比他还差。这样的结果让这个备受考试之苦的孩子或多或少得到了一丝安慰。

这也进一步证明了，只有感兴趣的东西才能学好，硬教死灌是培养不出人才的。对孩子的教育培养，一定要遵从孩子的个性特点，挖掘孩子的内在潜质，激发孩子学习的兴趣；不要企图让孩子样样精通，违背教育规律的做法只能自食苦果。

在丘吉尔的心目中，读军校预备班，目标是为日后可以考入桑赫斯特皇家军事学院。桑赫斯特皇家军事学院，是世界上著名的陆军军官学校之一。它曾与美国西点军校、俄罗斯伏龙芝军校以及中国黄埔军校，并称为世界"四大军校"。

军校入学考试须考五个科目，拉丁文、英文和数学三科必考，另外两科可自由选择，丘吉尔选考法文和化学。为了补习法文，丘吉尔牺牲了假期的休息和娱乐时间，由父母安排去凡尔赛一个法国人的家中住了一个月，意在通过与法国朋友密切交往中学习法语，提高法文的水平。尽管这次学习收效甚微，但却养成了他大胆讲法语的习惯，这对他后来整个政治生涯特别是外事活动极有好处。

投考两次名落孙山后，父母接受哈罗公学校长的建议，采取断然措施，让他离开哈罗公学，进詹姆斯上尉开办的备考补习班补习。

詹姆斯上尉的补习班具有对临阵磨枪的学生进行辅导的丰富经验和出色的成功纪录，甚至一些被人们认为愚笨的学生，经过在这里补习之后也能取得成功。他善于将历届试题搜集汇总，归纳分析，指导学生熟悉考试的各种典型题目，掌握各类题型的快捷解法，并在临考前进行大量的模拟考试，帮助学生猜题押题，填鸭式地把一堆答案塞进学生的脑海里。

可是积习难改，詹姆斯上尉给伦道夫写信说，他儿子在补习班学习"漫不经心"，"粗心大意"，"总想对辅导老师指手画脚"。

但是，正当丘吉尔积极准备第三次考试时，一个意外的事件发生了。1892年秋，丘吉尔全家应姑妈维伯恩夫人的邀请，到她家伯恩莫斯的宽大别墅过冬。一天，丘吉尔同弟弟杰克和姑妈的儿子做追逐领袖的游戏。慌急之下不幸跌进了一个深达30英尺的山谷，摔得头破血流，一只肾脏破裂，整整昏迷了三天三夜。

他的母亲听说后及时地带着医生乘救护车赶来营救。经过三个多月的精心治疗，温斯顿才基本恢复健康。

温斯顿在家养伤期间，能够长时间与父母住在一起，从而使他接触到政治活动。当时的一些高层政治家经常聚集到他家，讨论政治问题，许多议员和保守党的中坚分子也是他家的常客。

他们谈论的话题逐渐引起了温斯顿对政治的兴趣，他尝试着用自己的粗浅政治知识去判断问题。其间丘吉尔结识了不少政客名流，勾起了对政治的进一步兴趣。他认为父亲辞去财政大臣职务的冲动行为，是无法挽回的错误。

伤好之后，他不顾父母和医生的劝告，经常到下院旁听议会辩论，关心政局的变化，甚至向往着自己有一天也在上面演讲。可以说，这段短暂的养伤生活，对温斯顿未来的政治生涯，起到了不可低估的潜移默化的重要作用。

温斯顿·丘吉尔痊愈后，继续跟詹姆斯上尉学习，课程结束之后，第三次投考桑赫斯特军校。1893年8月他终于被录取了，可惜的是没有考上他父亲所希望的步兵专科。父亲十分生气，给温斯顿写了一封怒气冲冲的信，警告他今后如果再不努力学习，就有可能堕落成为"社会废物"。

伦道夫勋爵之所以这样生气，既有经济方面的原因，也有体面上的考虑。因为步兵专科的军官生只需自己出生活费，而骑兵专科的军官生除了需要付出较高的生活费外，还必须准备马匹、运动器械和狩猎工具。因此，报考骑兵专科的人要少得多，而且能否被录取实质上只取决于未来的骑兵军官是否出得起学费。

原来父亲满指望儿子经过补习能考取步兵专科，并曾事先请求第60步兵团团长康诺斯基公爵，在他的团里为温斯顿预备一个职位，公爵已表示同意。但现在儿子只考上骑兵专科，只好放弃这个职位，这使伦道夫感到难堪。就温斯顿的兴趣爱好来讲，或许他更高兴学骑兵专科。

这一年夏天，伦道夫勋爵为了培养儿子的吃苦精神，特地把温斯顿和他的弟弟杰克送到瑞士进行徒步旅行，并请了一位体育教师陪同指导他们。在瑞士，他们先后攀登了阿尔卑斯山和蒙特鲁山，那里五光十色的夺目景观，给他留下了难忘的印象。在洛桑湖，温斯顿还背着体育教师，做了一次惊险之游。

一天，他偷偷地约当地一个男孩驾着一条小船，向对岸划去。暖风徐徐，波光粼粼，船划到湖中央时，一向不安分的温斯顿灵机一动，建议两人到水中游泳。正当他们游得十分惬意的时候，湖面上吹来一阵风浪，船随风飘走。温斯顿见势不妙，拼命地向小船游去。每当他们向小船靠近时，风浪却一次又一次地把小船推向远处。

这时丘吉尔和他的同伴都已筋疲力尽，实在游不动了。他想："难道今天是我的丧生之日吗？不，决不！"在强烈的求生欲望驱使下，丘吉尔又鼓足勇气，用尽全身的力气，终于抓住了小船。

这时他的同伴远远地被抛在后面，已经奄奄一息了。丘吉尔急忙上船，用力划着船桨，从水中救起了生命垂危的同伴。30年后，丘吉尔成了英国最大的国务活动家之一，每当谈起这件事，他还是心有余悸："那次险些就去见上帝了，如果不是上帝开恩，我就永远被丢进水晶宫了。"

丘吉尔直到后来仍然喜欢这样的冒险活动，包括生活的和政治的。正因为他一生不满于现状，敢为人先，不屈不挠，锐意进取，才会有他以后的政治的、文学的、艺术的伟大成就。

6. 桑赫斯特军校

值得庆幸的日子终于到来，梦寐以求的愿望就要实现。他决心以实际行动证明自己是有实力和抱负的青年，一定不会让马尔巴罗家族丢脸。临行前向父亲伦道夫保证："将用我在桑赫斯特的学习与行动力争改变您对我的看法。"

19岁那年初秋，丘吉尔从伦敦乘火车西行，在坎伯利站下车，步行几英里，来到伯克郡的桑赫斯特，兴高采烈地跨进军校大门。

丘吉尔一路上带着美好的幻想，他眼前浮现着一个英姿勃勃的年轻骑兵军官形象：穿着一身帅气的骑兵制服，骑在马背上风驰电掣地奔跑着。他渴望像他的祖先马尔巴罗第一代公爵那样，从事戎马生涯，在战争中大显身手，威震欧洲，流芳百世；他希望有一天能到印度或非洲去征战，像20世纪英国殖民大臣克莱普当年那样青云直上，一直升上最高统帅，指挥千军万马。让温斯顿·丘吉尔这个名字，用发亮的金字永远镌刻在大英帝国的纪念碑上。

"报告，骑兵科新生温斯顿·丘吉尔前来报到！"他抑制不住内心的激动和喜悦，大声报到。

军校的生活紧张而有条理。早上6点45分上课，一直到下午4点才放学，放学之后是自由活动时间。晚上11点后学校熄灯就寝。

丘吉尔每天利用自由活动时间参加各种体育锻炼，还经常到学校附近的村庄参加社会实践活动。周末还与同学们一道，到贵族亲友家参加舞会，进行社交活动，结识了不少高级军官和政府官员。正常而有规律的生活，积极而乐观的心态，让丘吉尔原本虚弱的身体变得强健起来，为后来夜以继日地工作奠定了良好的身体素质。

军校在课程设置上也是丰富多彩。有战略战术、军事管理和军法、地形学和制图、建筑、射击、操练和马术等。这里不再有像哈罗那样令人抓狂的拉丁文和希腊文及其他课程。丘吉尔对这里开设的许多课程都发自内心地喜欢。尤其喜欢马术，跑马场上的训练对他来说甚至是一种享受。

丘吉尔在军校期间的表现跟过去简直是判若两人，他能很快适应新学校的生活。全新的课程，平等的机会，对军事的特殊兴趣，激发出他无穷无尽的智慧和力量，学起来津津有味，进步很快。真是"知之者不如爱之者，爱之者不如乐之者"。那戴了多年的劣等生的帽子，从此可以丢到大西洋去了。

闲暇时间，他还经常到学校图书馆广泛涉猎军事和战争史方面的课外书，并认真阅读父亲寄来的很多自己需要的书，自己又购买了不少喜爱的书钻研。在同学们眼中，丘吉尔简直就是一个通晓古今中外历史的"万事通"。广泛的阅读为他后来从事政治活动和文学创作打下了扎实的基础。

丘吉尔终于成长为一个大人了，他身高虽只有5英尺6英寸（约1.7米），但长相却极似母亲，眉清目秀，容貌悦人，生就一副娃娃脸，和外表一致的是他还拥有一颗难能可贵的童心，这颗永葆青春的童心为他不平凡的一生提供了旺盛的探索欲、求知欲，是他成功的秘诀。

时间总是在人生最美好的时刻显得短暂和仓促，丘吉尔已经逐步克服他任性散漫的缺点，步入到人生成长最快的时期，美好的人生道路正一步一步向他平展开来。

一个学期的时光转瞬即逝，丘吉尔在这里不仅学会了如何挖战壕、修建工事、制作堡垒，而且学会了安装地雷，使用炸药，甚至能独立完成一幅等高线地形图。

他利用节假日，想方设法寻找学习和锻炼的机会，创造条件培养和发展自己。

他很有幸参加陆军大学"如何做一个好参谋"的军事模拟训练，全面地分析历史和现实的战例，周密地研讨战略战术的实际运用。他恨自己没能早生100年，同法国的拿破仑打一场长期的战争，磨砺自己的军事才干。

他几经周折得到一个骑兵连长的同意，不惜负债租用马匹，参加骑兵的越野赛和障碍赛。在营地里为了驯服性情暴烈的战马，他多次从马背上摔下来，但毫不气馁。

正如他在《我的早年生活》中所说的，军校时期他开始懂得，"一个人生存的最大意义，便是不断努力，好好充实自己"。

丘吉尔所在连队的中队长普尔少校，是一个沉默寡言、做事谨慎而且管理严格的长官，大家对他又尊敬又害怕。他规定谁要有事情外出，只要在登记簿上登记注明一下就可以了，不需要向他本人请假。有一次，丘吉尔在去拜访朋友的途中，恰好遇上普尔少校骑马返校。丘吉尔脱帽向他敬礼，忽然想起这次外出没有在登记簿上登记，便匆匆结束访问赶回学校。

穿过走廊，来到放有登记簿的桌子前，首先映入眼帘的，是少校的大字缩写签名。糟糕！他已经查看过了，丘吉尔正准备接受严厉的处罚。然而意外的是，上面已经有了自己的外出登记，这一定是少校代他签写的。丘吉尔心里涌起一股说不出的感激热流，没想到平时严厉少语的少校，还有一颗如此慈爱的心。

从此，他那任意违反纪律的恶习大大收敛了，再也没有重犯私自外出的过错了。丘吉尔人性的转变，说明强制与过分约束往往会适得其反，采用暗示、感化、启发、尊重等软手段对孩子的管理会更加有力。

父亲伦道夫这段时间正在与病魔作顽强的战斗，他对儿子的关心也与日俱增。当他得知儿子在军校的变化后，十分开心。伦道夫早就不把他当孩子看待了，而是以平等的身份交往，并给予一定的尊重。

伦道夫觉得儿子变得"漂亮潇洒起来了"，感到"他站得笔挺，逐渐变得稳重"。他利用假期，经常带孩子看杂技、魔术，上皇家戏院看戏，甚至远赴法国马赛拜访畜养赛马的马主；主动带儿子去保守党一些政要邸宅，参加保守党的重要集会，让他见识见识政治。只是这种温馨的父子关系来得太晚了，父亲伦道夫的病情一天天严重起来。

1894年6月的一天，丘吉尔正在野外进行制图作业，一位副官通知他赶快骑自行车前往伦敦，以便次日一早为父亲远行送别，并说他父亲已代他向陆军司令请假并得到了许可。

他看到父亲脸色苍白，头发凌乱，胡子拉碴，目光有些呆滞，气色大不如前，不禁一阵心酸，眼泪夺眶而出。他明白父亲的病情正在日益恶化，他不知道未来的日子里还可不可以再和父亲一起去赛马俱乐部，再和父亲谈论时事。

医生诊断，伦道夫的梅毒和精神病已发展为不治之症，他不听医生要他静养休息的劝告，决定在告别人世之前作一次长途旅行。对于丘吉尔的及时赶来，他露出了会心的微笑，拍着儿子坚实的臂膀，说了些嘱咐的话语，便踏上远去的列车。

日子过得真快，3个学期18个月的军校生活就要结束了。1894年12月，温斯顿·丘吉尔通过毕业考试，在骑兵科130名学生中，他名列第20名，这是他历次考试中最优秀的成绩，其中又以马术为最好，因而丘吉尔有了进入骑兵部队的想法。

正当丘吉尔可以第一次以优良的成绩告慰父亲，正当他走出校门、走向社会实现政治梦想，需要父亲牵引扶持的时候，父亲伦道夫却在1895年1月24日清晨在伦敦病逝，终年不到46岁。他的英年早逝令整个家族都悲痛不已，对丘吉尔更是一个沉重的打击！

　　站在父亲的墓前，丘吉尔的心中无比悲痛，他的心像刀割一般难受。失去了父亲使他一时间懂得了许多，也长大了许多。只有在失去父亲的关爱之后，才明白那是多么宝贵的财富。从今以后，他要完全靠自己了，不论是风还是雨，他都要独自面对。

　　这一年，不幸接二连三，4月外祖母伦纳德·杰姆逊夫人去世，7月保姆爱维莉丝特太太又离去。沉重的打击使丘吉尔变得懂事多了，成熟多了，坚强多了。

　　后来，他抚今追昔，面对青年说："当我回顾这些岁月时，我不禁虔诚地感谢至高无上的神所赋予我们的生存才干。所有的岁月都是好的，无论起伏与兴衰，危险与坦途，永远是动的感觉与希望的幻景。青年们，全世界的青年们，让我们高举战旗，肩负起历史的责任，排除困难，勇敢地向既定的目标进军吧！"

第二章　军旅生涯

1. 第四轻骑兵团

1895年2月，温斯顿·丘吉尔从桑赫斯特皇家军事学院毕业，开始自己的戎马生涯，到第四轻骑兵团服役，成为一名骑兵中尉，实现了他梦寐以求的愿望。

到第四轻骑兵团服役，丘吉尔是利用家族的名望和母亲的"公关"手腕才谋求到的，更重要的是他自己对这个军团心仪已久。一方面是因为他对马术的情有独钟，另一方面是因为他对第四轻骑兵团团长布拉巴松上校的仰慕。上校那魁梧、英俊的外貌，气宇轩昂的风度，攻城略地的战功，给青年丘吉尔留下了深刻的印象，他决心投奔到布拉巴松上校的麾下。

第四轻骑兵团驻扎在奥尔德肖特，这里日常工作比较轻松。丘吉尔在第一周给弟弟写的信中，说他早上从7点45分开始，"在床上吃早餐"，每天有一小时他负责一支30人的队伍，"清洁马匹，给马匹喂水喂食，打扫人员房间等"。

早上有两个小时的马术训练，下午有一次操练，随后是"热水浴"。晚饭后，打马球和打纸牌。他厌恶刻板的操练，但非常喜欢马术训练。他还经常打马球，在参加骑兵旅骑马障碍赛中，取得了第三名的好成绩。

温斯顿在实现自己愿望的同时，也意味着给刚刚失去一家之主的家庭增加了沉重的负担。那时当个下级军官每年只有120英镑的津贴。但他很快发现，每年至少还得添上500英镑才能维持自己在职位上的开销，包括购置昂贵的军服、马靴，社交场合的应酬等。

此外，丘吉尔置身在这个名声远扬的团里，军官们还要添置打马球的设备这样一些特殊的花销。这样，每年一共需要650英镑以上的经济来源。幸亏他的伯母马尔巴罗八世公爵夫人丽莉资助200英镑，为温斯顿买了一匹马。否则，他就有可能成为一名无马的骑兵军官了。

现在他很想让母亲珍妮每个季度资助他125英镑，可是挥霍无度的母亲，早已债台高筑，根本无法满足他的要求。"在花钱上，她根本没有量入为出的观念，金钱的价值对她来说毫无意义，她只计较买到的东西的好坏，而不管要花多少钱。"

丘吉尔争取不到母亲的援助，除接受亲友的一些馈赠外，只好靠大举借债来解除眼前的困境。但丘吉尔并不担心无力偿还，因为他除了享有马尔巴罗家族自己名下的遗产之外，还得到了外祖父伦纳德赠予的连母亲珍妮也无权动用的丰厚产业。

他在写给母亲的一封信中坦率地说："我同情您的一切铺张行为，甚至超过您对我的铺张的同情，正如您认为我花100英镑买一匹玩马球用的波尼马是一件要命的事一样，我也觉得您花200英镑去买一件舞会礼服同样是件要命的事。然而我还是以为，您应当有舞会礼服，我也必须有玩马球用的波尼马，问题的关键是我们太穷罢了。"

在骑兵部队服役期间，许多高级军官政要对丘吉尔青睐有加，有意提携栽培前内阁大臣伦道夫的儿子，因此丘吉尔常常有机会接触到上层人物。入伍不久，年迈的陆军总司令坎布里奇大公爵来到团队驻地视察，丘吉尔被挑选出来担任侍卫官，在陪同坎布里奇视察的过程中，同坎布里奇总司令有过亲密的接触；其间还有幸见到了威尔士亲王。

一次还受到10年前在父亲担任印度事务大臣时被派驻印度任总参谋长，现在已经是陆军总司令的罗伯茨勋爵的邀请，与其进行了面对面的谈话。几周后，丘吉尔还受到约克公爵及其夫人的亲切接见，即后来英王乔治五世和玛丽王后。这些活动，大大提高了丘吉尔在政界上层的知名度。

此外，他还收到许多请帖，并且只要愿意，就可以天天晚上去参加舞会。但是温斯顿并未这样做，严肃而又孤僻的性格，使他本能地与那种奢侈而浮躁的生活保持着一定距离，但他对政治的兴趣却更加浓厚了。他已暗暗发誓，要走父亲从政的道路，创造比父亲更加辉煌的业绩。

母亲希望他定一个与专业有关的课题，如"军马的供应"来研究一下。丘吉尔认为这种纯军事的研究"会使思维变得狭窄而墨守成规"。这段时间在与政坛活跃分子的交往中，他更迫切希望的是要弥补自己知识上的不足，开阔自己的视界，拓宽自己的思维。

他开始着手系统地读一些经济学和历史方面的书籍，先读了亨利·福西特的《政治经济学》，还计划对爱德华·吉本的《罗马帝国衰亡史》和莱基的《欧洲的道德》等著作进行深入细致的研究。

丘吉尔时刻关心着国家的大事，注意1895年的大选，还认真设想今后自己参加竞选时的情形。

可是，和平年代军队升迁很慢，需要论资排辈，像他这样刚出校门的下级军官，何年才能熬出头？这样循规蹈矩地服役，缓慢地逐级晋升是他的个性所不能接受的。他急切地盼望有一鸣惊人的机会。

丘吉尔意识到：战争是立功的最好机会，也是升官的最佳途径。他忽然想起了古巴，1895年古巴人民爆发了反抗西班牙殖民统治的民族解放运动，古巴的游击队正在南美丛林中和西班牙军队浴血奋战。西班牙的马丁内斯·坎波斯元帅奉命率兵前去镇压。此时，丘吉尔正好有两个半月的假期，于是他决定同他的同事雷金纳德·巴恩斯一起到古巴冒险。

很快，凭借着马尔巴罗家族的子孙特权地位，丘吉尔的请求得到了陆军总司令罗伯茨勋爵和西班牙当局的允诺。同时，他们的行动还得到了英国军事情报部门主管查普曼将军的支持，为他们提供了地图和情报，并要求他们尽可能搜集有关西班牙军队当时使用的新式武器的性能报告，安排他们以公差的名义进行这次旅行。

在出发前，丘吉尔还同《每日纪事报》商议，想作为该报的随军记者为他们撰稿。报社答应了他的请求，每篇付给他5英镑的稿酬。丘吉尔从未发表过只言片语却能得到报社签约的原因，丘吉尔的一位传记作者曼德尔逊是这样解释的："完全可以肯定，他的名字和他公爵之后的社会地位，从一开始就比舰队街（英国出版机构集中之地）其他同事更加优越"。

2. 古巴之行

1895年10月，丘吉尔和巴恩斯乘坐游轮启程。因为英国没有直达古巴的游轮，他们只好取道美国纽约，再前往古巴。

穿过大西洋，11月初抵达美国纽约。在纽约丘吉尔受到了外祖父杰罗姆的热情款待。老人带他参观了美国陆军总部和西点军校。西点军校相当于英国的桑赫斯特军校，那里严明的纪律让他感到震惊。老人还领他参观了纽约的"巡洋舰"。

值得永远纪念的是，外祖父把自己的密友希尔克·考克伦介绍给了丘吉尔。考克伦是纽约民主党有势力的头面人物之一，是当时世界出名的演说家。

丘吉尔同考克伦老人有了多次亲密接触，他过人的天资与对政治的追求打动了考克伦。考克伦认为他将来肯定能成为一个不平凡的人。于是考克伦耐心地向他讲解和指点演讲的方法与技巧，丘吉尔得到了考克伦的真传。这为他后来成为才华出众的演说家打下了基础。

11月下旬的一天，他们在曙光中登上了哈瓦那海岸。他们一上岸，就被这里的奇异风光吸引住了：气候温暖，雨量充足，植物繁茂，土地肥沃，景色秀丽。丘吉尔完全沉醉在这迷人的美景之中，赞不绝口地说："美呀！美呀！怪不得西班牙人称她为西印度群岛的珍珠。"

丘吉尔和巴恩斯被安置在一家豪华的饭店里，饱吃蜜甜的柑橘，畅吸提神的雪茄。当他把证件呈交给西班牙殖民当局后，他们被当作"一个强大的老盟邦在紧急之际派来的虽非正式的，但却是非常友好的使节团"来热情接待。坎波斯元帅还亲自接见了他，并满足了他们亲临战场的请求，同意他们随西班牙的一个机动部队一道在古巴丛林进行"清剿"行动。

又搭汽车又坐船，还徒步穿越原始森林，经过几天的行程，他们终于来到机动部队的驻地。这支部队每天黎明时分就开始行进在阴冷的森林和连绵不断的原野上，直到上午9点才吃早餐，接下来便在吊床上睡午觉，从上午10点睡到下午2点，度过长年皆夏的热带一天中最炎热难熬的时光。

他日后的午睡习惯大概也就是在这里养成的吧。此外，丘吉尔还在这里喜欢上了抽雪茄烟。这个习惯伴随了他一生，成为他个人形象的标志之一。

11月30日，丘吉尔21岁生日那天，是在硝烟弥漫的战场上度过的。

这天天刚蒙蒙亮，部队就出发，还没走多远，后面就响起了急促的枪声。古巴游击队发起了偷袭。多亏早晨雾大，以及游击队的武器落后，枪法不准，否则丘吉尔就有可能吃枪子了。

9点过后，雾气渐渐散去，将军便命令一队士兵向开枪的方向搜寻，但敌人早已不知去向。正当人们松了口气的时候，林边又响起了一阵猛烈的枪声，这次炮弹就从他身边擦过，马匹正好遮挡着他，马被击倒了，须臾地上便满是鲜血。他非常庆幸，又一次从死亡的边缘逃脱了。

指挥官指挥士兵进行了猛烈还击，终于击退了偷袭者。在这次战斗中，几个西班牙的士兵倒在血泊中。

另一个晚上，天气热得实在叫人无法入睡。丘吉尔约几位军官到附近的河边去洗澡。他头枕石块，浑身泡在清凉的水中，心里舒畅多了，不知不觉昏昏睡去。突然，一阵枪声从空中传来，他们慌忙中提起裤子就向森林跑去。

丘吉尔在此次军事行动中，亲眼看到了西班牙军队对古巴游击队的血腥镇压，生平第一次看到活生生的人顷刻间就被打死的惨状；对战争的残酷性有了更加直观的认识，他为自己能平安返回深感庆幸。他承认："战争中有许多时候使我认识到，我们仅仅为了猎奇冒险而不顾生命危险，这种做法是何等轻率。"

这次战争，丘吉尔和巴恩斯获得了西班牙政府颁发的十字勋章，以表彰他们在战斗中的勇敢精神。从1895年12月13日到1896年1月13日，丘吉尔为《每日纪事报》写了5篇战地通讯，都发表了。这些报道引起了国内许多读者的兴趣，并得到了上流社会中一些人的赏识。

丘吉尔的报道所造成的影响和为他赢得的名声，远远超过了他所得到的微不足道的那点稿酬的价值，古巴之行为丘吉尔今后从政的道路增添了有力的一笔。

勋章和通讯为他赢得了广泛的名声，使他大出风头，从而更加刺激他写作的欲望，他决心用这支笔开创他通向政坛的道路。

他从各类新闻上了解到克里特岛爆发了反抗土耳其统治的起义，便向《每日纪事报》建议，让他担任该报特派记者去采访。可是该报不愿为他支付特派记者的大笔费用，他的计划没能如愿以偿。

当他得知大英帝国与南非的布尔人关系日益激化，随时可能爆发战争时，他又谋求到南非去，希望母亲能促成此事。他在给母亲的信中把自己雄心勃勃的抱负表露无遗："在南非的几个月会使我赢得南非勋章，并且很有可能使我获得不列颠南非公司的明星勋章。从这儿我将马不停蹄赶往埃及，一年或两年后我将再带回两枚勋章，从此我将弃武从文。"

可是，这一愿望暂时还不能实现，重要原因之一是第四轻骑兵团发生了一件小小的丑闻：第四轻骑兵团的伙食班中，一个搬弄是非的小人，控告丘吉尔搞同性恋。丘吉尔立即向法院提出诉讼，控告此人纯属诽谤。

经过审理，法庭判丘吉尔胜诉，并赔偿了丘吉尔400英镑的名誉损失费。为了接受陆军部拟进行的进一步调查，丘吉尔被告知短期内不能离开部队，以免被人认为有回避调查之嫌。

不过，这些客观障碍，已阻挡不了丘吉尔那颗豪情万丈的心；虽然此时到他登上政坛还有一段很长的路途要走。

3. 驻军班加罗尔

1896年秋，英国为加强对印度的殖民统治，增派温斯顿·丘吉尔所在的第四轻骑兵团到印度南部的班加罗尔，担任驻守防卫的任务。

丘吉尔站在满载全团1200人的运输舰上，看着徐徐远离的南安普敦港，想象着就要到达一个古老而又神秘的国度，内心异常兴奋。9月的一天，眼前出现挺拔高大的椰子树和富丽堂皇的宫殿，他们的军团到达了印度孟买港。

丘吉尔换乘小船上岸。船靠近码头，丘吉尔抓住岸壁的铁环准备踏上石阶，突然一个大浪冲来，小船猛烈地摇晃，丘吉尔的手掌和身躯之间形成方向相反的拉力，他的右肩突然感到扭痛，上岸后才知道脱臼了！

以后，丘吉尔在他喜爱的游泳、赛马和打球等运动中，常常因为用力过猛而导致脱臼。不过，倔强加固执，使他宁肯脱臼，也不放弃这些运动。况且塞翁失马焉知非福，这次的不幸，却在以后救了他一条命。在恩图曼冲锋中，因为右肩脱臼只能拿手枪而不能拿军刀，要是能拿军刀，在那次惨烈的面对面的拼杀中可能早就身亡了。

他由此总结出一条对待不幸和挫折的积极人生态度："我们不应对于不幸心存沮丧，相反应勇敢地面对现实。更何况这种不幸，如果你能从另外的角度来看，也未尝不是一件幸运的事。就好像命运坎坷的人，总比一帆风顺的人活得更有意义，更能体验人生一样。""失去的永远不会比你现在手上握住的多。"

班加罗尔位于印度南部的三角洲地带，地势平坦，景色优美，气候宜人，是一个山中避暑胜地，居住条件令人十分满意。丘吉尔与雷金纳德·巴恩斯还有另一名军官共居一处带有"宽敞而漂亮的庭院"的平房。丘吉尔在其中占有3个房间，住处宽敞而舒适，并且拥有"一个主管酒类、膳食的管家"，两个"管衣物的男仆"，还有一个马夫。

此外，他们还共用两个园丁、三个运水工、四个洗衣工和一个守夜人。丘吉尔在团内的奉职轻松愉快，每天只是上午11点前有些训练和军务。其余时间闲来无事，便种种玫瑰花，采集蝴蝶标本，打打马球。打马球是他一贯的爱好，这也是当时英国骑兵部队军官最主要的娱乐活动。他们这个团还在海德巴举行的马球比赛中夺得了团体冠军。

当时，伦敦的一家叫《原野》的周刊曾对丘吉尔在比赛中的精彩表现作了特别报道："霍尔上尉策马飞奔而来，巴恩斯先生及时接应，而丘吉尔先生则不失时机地发动了两次勇猛的进攻，将球攻进球门。"丘吉尔对打马球真是太投入了，他甚至有时把它看作是"严肃的生活目的"。

但总的说来，丘吉尔认为在班加罗尔的生活是"单调、乏味而使人感到百般无聊"。为了丰富自己的知识层面和提高写作技巧，弥补未接受像牛津大学般的高等教育的遗憾，实现自己建功立业的抱负，他把同事们下午睡觉、打牌、品尝带苏打水的冰冻威士忌的闲暇时间，都用在读书上。对他所喜欢的打马球，也有所节制。

为此，他列出了柏拉图、吉本、麦考利、叔本华、莱基、马尔萨斯、达尔文等著名思想家、哲学家、历史学家和生物学家的著作，让母亲按月寄到驻地。

他特别喜欢八大本《罗马帝国衰亡史》，爱不释手地读了一遍又一遍，吉本那华丽铺张、崇尚辞藻的文风对丘吉尔影响很深刻；他认真研读《英国史》，钦佩麦考利把历史人物刻画得栩栩如生的本领。在他后来的写作生涯中，曾有多部作品被人们评论说与他们的风格十分相似，而丘吉尔对此则引以为荣。

为了解当时国内政治生活的现状，他还请母亲寄来一套英国《政治年鉴》。每当读到议会对重大问题进行辩论的章节时，他都习惯地预先认真思考如果自己遇到类似的问题会持什么样的态度，然后再对照书中的各派观点进行比较，这培养了他对政治问题特有的敏感和机智。他还养成了分类摘记，勤做点评的良好阅读习惯。

经过这半年多集中时间苦读自修，丘吉尔从书中汲取了丰富的思想营养，形成了他的才学根基和知识网络，使他的思想日益成熟，人生信念更加坚定。加之他本身固有的出类拔萃的才干，铸就了他后来不仅成为著名的国务活动家，而且成为举世闻名的著作家，成为"我们生活的时代里最杰出和多才多艺的人"。

1897年春，丘吉尔利用例行休假的机会回到伦敦。一回到伦敦，他便立即去保守党总部，同工作人员进行联系，希望安排他在"樱草会"将于巴思举行的会议上，发表他的第一次正式政治演讲。他在演讲技巧上曾得到了美国民主党领袖、著名演说家考克伦的悉心指点，现在他终于可以将所学技巧付诸实践了。但他还是有点担心自己发不准"S"这个音而引起听众的哄笑。

然而，演讲却意外地获得成功，"演讲结束时，掌声如雷，一直持续了好长时间，我毕竟也能做这样的事……我开始对自己和世界感到非常满意"。后来他成为那个时代最富有演说技巧和最能打动人心的演说家，而这次成功的预演则是这位未来天才演说家的牛刀小试。

4. 马拉坎德激战

继古巴事件以后，英国的殖民统治也日益不稳。19世纪末，在印度，特别是英国当局难以控制的北方地区，民族解放运动日益发展。1881年，苏丹爆发了反对英国侵略者的战争，这次战争中殖民主义者遭到惨败。在非洲，英国当时实行的是肆无忌惮地掠夺殖民地的工业资源并在海外建立大型企业的租借地等新殖民地政策，这必然引起殖民地人民的激烈反抗。

这些事件决定了丘吉尔中尉在那些年代活动的地理范围，为他日后的履险犯难的记载和军事生活，提供了千载难逢的机会。

1897年的夏秋之际，印度东北边境马拉坎德山口附近的一个帕坦族人部落举行了反英起义，英国殖民当局派宾登·布拉德将军率领由三个旅组成的远征军前往该地进行镇压，丘吉尔认为大好机遇又一次降临了。

弱者等待机遇，强者创造机遇。他赶忙给布拉德将军拍了几封电报，后又在朋友家中会见了这位将军并提出了书面的请求，将军欣然答应了他的请求。不过因为编制已满，只好让他以一名记者的身份参加。丘吉尔立即启程，从第四轻骑兵团里请了假，又在布拉德将军的帮助下，领到了《拓荒者报》的记者证。与此同时母亲珍妮还与伦敦《每日电讯报》达成了供稿协议。

印度北部山区地形奇特，景色秀丽。这里河道两旁的山峰峭壁海拔五六千英尺，英军在蜿蜒曲折的山路中艰难爬行。山下，白浪翻滚的大河，在铜色的天空下奔流不息。这里的人们把祖祖辈辈赖以生存繁衍的家乡，视为神圣不可侵犯之地。

帕坦族在历史上以强悍著称，除了善于耕作外，侵略其他民族也是他们的专长。这里的每个山民都是英勇武士，每一所房子都是战斗堡垒，每个村头、院落都筑起了墙垛、炮台。他们使用大刀、长矛、土炮和从英军手中夺来的洋枪战斗。他们神出鬼没，机动灵活，不仅围歼小股英军，而且对大股"清剿"部队也进行骚扰和偷营劫寨，对英军造成了很大的威胁。

英军残酷地进行报复，"烧毁他们的谷物，破坏他们的饮水池，炸毁他们的房屋，反抗的人格杀勿论"。于是又更加激起了帕坦族人的反抗，英军无论走到哪里都会遇到枪击。

9月16日黎明，丘吉尔随同一支"清剿"队伍向玛芝特谷前进，突然遭到帕坦族起义军的袭击。当起义军呼喊着向他们杀来时，英军惊恐万状，丘吉尔一伙撒腿就跑；当他回头看时，后边的呐喊声、呼号声、咒骂声连成一片。

"只见后边的五六个人已经倒下了，两个已死，三人受伤。一人胸部被射穿，鲜血如泉涌；另一个腹部受伤，手抓脚踢；还有一位军官右眼被射出，满脸是鲜血。惨呀，这是多么惊险的一幕啊！"

他在当时给母亲的信中还写道：这是一次"令人毛骨悚然的溃败，被俘获的伤兵让这些野蛮的畜生凶残地切成肉块"。丘吉尔开始时负责的是运送伤员的任务，后来为保护伤员亲自投入了战斗。

他在距敌人约40码的地方，先是用自己佩戴的手枪射击，接着又使用伤员的步枪。"我虽不能确切地知道，但我觉得射中了4个敌人。"后来因为英国援军火速赶到，丘吉尔他们才脱离险境。根据战后的统计，英军死伤150余人。

丘吉尔十分清楚战争的危险和残酷，但他毫不畏惧地主动寻求机会投身于其中。他的这些行动绝不是头脑一时发热的简单冲动，而是在为赢得荣誉和名声所做的巨额投资，是在同命运之神作殊死搏斗。

他在给母亲的信中也毫无遮掩地表达出这种想法："我骑上灰白色的小马，沿着散兵线行进，而敌人却匍匐隐蔽在那里。这或许是愚蠢的，但我下了巨额赌注，好让人们看到，再也没有比这更为勇敢或更有气魄的行动了。倘若失去了观众，事情就会变成另一个样子。"

丘吉尔的勇敢赢得了宾登·布拉德将军的充分赞赏。将军给予这位年轻的记者高度评价："干起来一个人能顶两个普通的中尉军官。"他要求将丘吉尔派往急需军官的第31旁遮普印度步兵团任职，但是印度陆军司令部不同意这一从班加罗尔调往印度边境地区的调动。不久，丘吉尔就接到第四轻骑兵团即刻归队的命令，重返班加罗尔。

归队不久，得知军方授予他一枚勋章和两个勋标的决定，他更感兴奋，对自己的勇敢有了更充分的自信。在给母亲的信中他自信十足地说："在采取行动这方面，我还没发现比我更强的人。"

在战斗间隙，丘吉尔抓紧时间给伦敦《每日电讯报》和印度《加尔各答先驱报》撰写了大量稿件。他以流畅的笔调，十分生动地描述了他曾亲眼看见并投身于其中的战斗场面，及时为读者提供了有关英印部队军事行动的新闻报道，受到读者的热烈欢迎。

不过，有一件事令丘吉尔感到不快，这是因为这些报道在伦敦《每日电讯报》发表时，仅署名为"一个年轻军官"，而未署上丘吉尔的大名。这是他母亲与伦敦的朋友们商议后决定的。因为他们担心，丘吉尔在报道中仍然免不了涉及敏感的战略和政治问题，担心会被人抓小辫子，使丘吉尔在军队中陷入困境。但这种做法与丘吉尔想在"选民面前扬扬名"的热切渴望显然是背道而驰的。

为了弥补这一缺憾，丘吉尔萌生了写书的想法。他以《每日电讯报》和《加尔各答先驱报》发表的战地通讯和战时收集到的一些材料为基础，花了两个多月的时间整理，写出了自己的处女作——《马拉坎德野战军纪实》。1898年3月，英国朗曼公司出版了这本书，全书约300页。1899年修订后又出了第二版。

供军官们阅读的《三军联合》杂志评价《马拉坎德野战军纪实》是"一部非常优秀的作品"，并向英军的每一位军官推荐这本书。该杂志的编辑还特意邀请丘吉尔为该刊撰写一篇论述殖民政策的专稿，丘吉尔奉命很快完成了任务。

在这篇文章中，丘吉尔对书中的观点作了进一步的阐述。他对英国殖民政策中陈旧过时的做法提出了批评，认为在印度山民进行游击战的地区，实行"前进的边疆政策"困难重重，劳民伤财。今后远征军要谨慎行事，注意节省开支，不能进行大规模的军事远征。

从当时的情况看，实际上政府已经在对老政策进行调整。但一个军阶极低的年轻中尉竟敢对英国的殖民政策说三道四，对驻扎在印度的英军的高级将领提出直率的批评，这的确正像伦道夫·丘吉尔夫人所担心的那样，为丘吉尔带来了不利的影响。

因此，后来当丘吉尔听到远征军受到重创的消息，要求再次参加印度北部边疆地区英军的新的军事行动时，遭到了军方冷冰冰的拒绝。

正如丘吉尔在他的《我的青少年时代》一书中写的那样，他在第一部书问世后养成了"写作习惯"。他在班加罗尔利用冬季时间从事第二部书的写作。他决定创作小说，当那些与他共事的军官沉湎于娱乐消闲的时候，他却一直在埋头写作。

不到两个月，他就写完了一部虚构的纯文学作品《萨伏罗拉》。萨伏罗拉是这部小说的主人公，在萨伏罗拉这一人物形象身上寄托着丘吉尔本人的理想和追求。这部小说勾画出了他青年时代的内心世界，在一定程度上可视为他的政治宣言。

值得我们注意的是，丘吉尔对人物性格的刻画和内心世界的揭示可谓匠心独运。书中用深入细腻的笔触刻画了在枪杀游行群众时主人公的内心世界，精妙绝伦。丘吉尔写道：

"……斗争、劳动、一连串的事变、舍弃轻松愉快生活的许多东西，这是为了什么？人民的幸福，他很少感兴趣。……他非常明白，他做一切事情的主要动力是虚荣心，他无力抵御它。

"他理解并珍惜一个艺术家在生活中追求美好事物的喜悦，也理解并珍惜一个运动员从自己的活动中得到欢快的乐趣。……但他还是认为，他不能忍受这样的生活。他的天性是狂暴的、强悍的、勇猛的。充满抱负、动荡和不安的生活才是他唯一可以接受的生活。他应该一往无前。"

这段心理描写勾画出了萨伏罗拉的完整形象，其实这就是丘吉尔自己的内心展示。

他对于所谓的人民的幸福并不真正关心，他关心的是如何满足自己的虚荣心，怎么才能追求到生活的乐趣和实现人生梦想。他认为自己的天性是狂暴的、强悍的、勇猛的。他为了满足自己无限的虚荣心，舍弃了生活的欢乐，总是站在时代的风口浪尖，不甘寂寞，崇尚冒险，无论是刀山火海，他都勇往直前。

虚荣心——丘吉尔一生特别是青年时期活动的内驱力，是交给我们进入他内心之门的一把钥匙。他的盛开的虚荣心之花，长在维护英国垄断资产阶级整体利益和长远利益这棵大树上。他在23岁写作《萨伏罗拉》时是这样，他在半个世纪之后结束自己的政治生涯时也是这样。正是这种虚荣心成了丘吉尔一生的推动力。

英国著名的政论家和国务活动家查尔斯·狄尔克曾说，"我所知道的虚荣心最强的人，除了十九世纪末的英国首相罗斯伯里外，还有温斯顿·丘吉尔。"

曾有传记作家在丘吉尔的传记中，引用了一个当年广为流传的笑话。据说在《萨伏罗拉》问世50年之后，有一次德高望重的政治家丘吉尔走进下议院的吸烟室，坐在一位新当选的议员旁边，向那位议员问道：

"年轻人，你也许想知道究竟是什么鬼力量使我投身于政治吧？"那位年轻的议员回答说："当然想知道。"

丘吉尔对他说："是虚荣心，年轻人！是赤裸裸的虚荣心！"

这个笑话可能不具备生活的真实性，但传记作家之所以引用它，或许是认为它多少包含着一定的艺术真实，对于读者理解丘吉尔的性格具有典型意义。

然而，一心希望从政的作者却无意于继续在纯文学领域里耕耘。他清楚地知道，文学与政治是紧密相连的，文学可以作为走上政坛的推进器。他想自己也要像一度成为保守党人崇拜偶像的著名政治家迪斯雷利一样，以写小说起家并从文学领域走向政治生涯。这或许是丘吉尔打算在文学创作上一试身手的主要动机之一。

确实，他在这方面已经尝到了甜头。他不但要继续冒险，更要通过冒险来从事创作、演说，达到扬名显身的目的，从而实现自己的政治抱负。一句话，他的创作从一开始就带有极强的功利性。

5. 尼罗河上的战争

尽管丘吉尔已在极短的时间内接连出了两本书，名利上都有一定的收获，但他仍然有着一种紧迫感，他要趁着年轻捞取足够的政治资本。他在给母亲的信中说："这是一个上进的年代，我们必须尽最大努力推进之。"

1898年夏天，他又获得例行休假的机会，便立即赶回伦敦，请求母亲设法帮他尽快调往英军驻埃及的部队，他像赌徒不肯放弃每一次赌博机会那样，决定从亚洲跳往非洲参加对苏丹的战争。

英国在19世纪70年代侵占了埃及，随后又占领了苏丹。1881年苏丹爆发了以马赫迪为首的抗英斗争。到1885年，几乎把全部外国军队都赶出了国境，而且在战斗中击毙了英国驻苏丹的总督戈登。这个刽子手戈登作恶多端，1860年参加了进攻北京和抢劫、焚毁圆明园的罪恶活动。英勇的苏丹人民在反侵略斗争中也为中国人民报了仇，出了气。

戈登之死，大大激怒了英国殖民当局，他们把流血的责任强加给保卫祖国、反抗侵略的马赫迪起义者身上。英国帝国主义者不甘心失败，花了很长时间准备，要为戈登之死报仇，并于1896年对苏丹再次发动了大规模的入侵活动。这时，进攻苏丹首都喀土穆的决定性战役正在紧锣密鼓地准备之中。

丘吉尔明白，不少人对他的冒险行为不理解而议论纷纷："这个年轻人是怎么回事？他是怎么混进各种各样的远征队里去的？他为什么又给报社写文章，又当军官？为什么一个低级军官竟敢称赞或者批评长官？为什么他能常常离开团队去休假？他还年轻，应该遵守军纪，努力做好日常工作才对！"还有些人谴责他"追求奖章"、"自我吹嘘"。

但丘吉尔不管这些，依然我行我素，故伎重演。他一回伦敦就为参战周旋。他行事的惯例，是直接找最高领导，而不把时间浪费在那些不敢越出常规做出决定的下级军官身上。

先是母亲珍妮通过社交密友杰妮小姐，找到基奇纳的副手伊夫林·伍德爵士帮忙却无济于事，后来丘吉尔直接写信给基奇纳将军，也遭到将军的坚决拒绝。但丘吉尔不达目的是决不罢休的。

正面进攻失败，他改用侧翼迂回。他托人请英国驻埃及的非洲总领事克罗默勋爵帮忙。由于基奇纳要取得苏丹战争的胜利，必须要得到英国驻非洲领事馆密切配合才行。这一法宝果真灵验，然而条件却十分苛刻："特准阁下以编外军官名义，参加苏丹之战，分配到第21轻骑兵团。请阁下立刻向开罗阿巴西营地的团本部报到。经费由自己负担，如果阁下战死的话，英国陆军也不负责任。"

接到通知的当晚，他就同《晨邮报》签订了合同，该报同意发表他关于苏丹战争的通讯，稿酬也增加到每栏15英镑。

丘吉尔加入第21轻骑兵团后，随部队向南推进，在沙漠里长途跋涉。那时候，正处于8月份近40℃的高温环境下，部队一天得走30

英里左右。许多士兵因受不了干渴和酷热而中暑病倒。

丘吉尔身体状况较好，加上前两次在古巴和印度战场的经历，再难熬的日子他都能挺住。甚至有一次因为追赶部队时天黑迷了路，他"被困在茫茫的沙漠中，一天一夜未曾吃喝"，也没有倒下。他预料攻陷喀土穆之前一定有场恶战，死伤之灾难以预卜。他担心在战斗中受伤，在给母亲的信中，他请求道："一旦我负了重伤，您最好出面，设法把我弄回去。"

恩图曼战役打响了。9月1日上午，丘吉尔所在的先遣营在行进中发现苏丹军队。团长立即派丘吉尔向基奇纳司令报告。丘吉尔用干脆利落的语言，向马背上的基奇纳将军报告了敌情，回答了询问。

将军对丘吉尔简单明白的回答很满意，微笑着点点头。这位将军和自己的父亲年纪相仿，目光锐利，精神抖擞，黑胡子布满整个下巴和嘴唇，整体给人老练、坚定的感觉。他们此时谁也没有料到，以后在第一次世界大战期间，基奇纳任陆军大臣，丘吉尔任海军大臣，共同挑起英国内阁的军事重任。

9月2日天还没亮，英埃联军就开始行动了。丘吉尔所在的第21轻骑兵团很早就做好了作战部署。丘吉尔刚刚接任该团第2连的连长职务，因为前任连长在激战中殉职。尽管丘吉尔知道这不是个好兆头，但军人的职责是神圣的：当祖国需要你奉献一切甚至生命时，你就得责无旁贷地将自己的一切乃至生命奉献出来。祖国的利益永远高于一切！

苏丹军队蜂拥而至，丘吉尔所在的轻骑兵团参加了战斗。这是英国军事史上骑兵对步兵发动的一次残忍的进攻，也是丘吉尔从军以来参加的规模最大、最残酷的一次战斗。英军岸上、舰上70门大炮齐发，苏丹军队损失了7000多人。苏丹军队在英军炮火的轰击下，无法瞄准就向英军发动猛烈射击，英军死伤200余名。

丘吉尔所在的骑兵连乘胜追击，突然侧翼遭到袭击，连队立即向右转，由纵队改成横队迎战。两军短兵相接，丘吉尔挥刀向敌人猛刺过去，由于用力过猛，右肩脱臼疼痛难忍，只好插刀入鞘，拔出在伦敦买的新式自动手枪。刚打开枪保险，近旁的一名蓝衣敌军就向他开枪，子弹从他的身边飞过，好险呀！

丘吉尔还没反应过来，一个士兵挥舞战刀冲杀过来，丘吉尔连忙扣动扳机。枪响刀落，敌人跌倒在他的马蹄前。又一名敌人拔刀相向，由于距离太近，丘吉尔只好用枪身敲击他的脑袋。这时又发现前面10米处，有几个敌人举着长矛向他刺来。

丘吉尔突然感到一阵恐慌，他想到寡不敌众，不敢再恋战，便紧贴马鞍，拍打战马，突围而去。这场战争中，许多战友因为同敌人面对面的肉搏拼杀而惨死在战场上。丘吉尔却因为手臂脱臼不能同敌人拼刺刀而躲过了一劫。这就是前面我们曾提到过的丘吉尔因手臂脱臼而因祸得福的经历。

此时，丘吉尔更清醒地认识到战争的残酷，人生的不确定性。他满怀期待地给自己心爱的帕米拉写信，他已好久没有接到她的信件了，十分想念她。

帕米拉是丘吉尔在1896年11月在印度喜欢上的女孩。在一次舞会上，他看见一位苗条漂亮的女孩在翩翩起舞，便目不转睛地盯着她。大概是因为年轻人心心相印的缘故，后来那个女孩也将目光久久地落在丘吉尔身上。

那时我们的主人公已经是一位温文尔雅的英国绅士了，吸引女孩子也是理所当然的事。两个人就互相对视着，谁也没开口说话，谁也没有转移目光。这样丘吉尔与帕米拉结识并开始了初恋，并与她一直保持着通信联系。

当丘吉尔在南非时，帕米拉曾有一段时间经常给他写信，或许是由于戎马倥偬，丘吉尔复信很不及时。现在面对残酷的战争，更激起他对恋人的深深思念，他要对心爱的人诉说衷肠和绵绵的情思。但不妙的是，帕米拉有了另一位更热烈的求婚者。两年以后，她嫁给了利顿伯爵。

1898年9月的决战，以英埃联军的全面胜利而告终，联军死伤共500人，其中丘吉尔所在的第21轻骑兵团损失最为惨重。

此时起义者的首领马赫迪已死，人数众多的苏丹军队由他的继承人哈里发统领。尽管他们作战英勇，但装备和战术水平都还停留在中世纪，因而终于败在大英帝国新式武装的镇压下，起义军的力量受到重挫，伤亡1万多人。残留在战场上的苏军伤兵被基奇纳的部下统统杀死，血流成河，惨不忍睹。

丘吉尔对英军的残忍和基奇纳的纵容极为气愤，他在给母亲的信中写道："基奇纳可以作为一个将军，但他永远不是一位绅士。"

在苏丹的整个作战期间，丘吉尔寄给《晨邮报》20多篇战地通讯，获得了300多英镑的收入。由于第21轻骑兵团在作战中的突出表现，基奇纳将军决定给该团的参战人员每人颁发3枚维多利亚一级勋章作为奖励。正如丘吉尔已看到的那样，军旅生活在当时为他出名和挣钱提供了机会，而出名和挣钱则是通向政坛不可或缺的阶梯和资本。

他在给母亲的信中写道："我对士兵的生活观察得越多，就越是不喜欢这种生活，而且更加相信这不是我的天职。"他的确越来越想从事政治活动。

战争结束后，丘吉尔又着手考虑撰写他的第三部著作——《尼罗河上的战争》。为了撰写第三部书，他在开罗进一步搜集战争素材，还同苏丹的著名历史专家座谈，并从苏丹战争的积极参加者那里获得了大量材料。他一回到英国，就专心致志埋头著书。经过艰苦的努力和许多个不眠之夜，1899年10月，这部《尼罗河上的战争》终于出版了。

这部两卷本的《尼罗河上的战争》的问世，立刻轰动了伦敦，震惊了英国。丘吉尔怀着一个英国青年所应有的正义感，毫不留情地发泄他对基奇纳将军的不满。他直言不讳地指责基奇纳说："对别人都漠不关心"；"极度忽视的机构，那就是治疗伤病员的医疗部门"；"他对部下的残暴行径采取放纵态度，而这种残暴行径往往未必是由于敌军同样的行为所引起"。

他尖锐地批评基奇纳侮辱马赫迪陵墓和遗骨的暴行。丘吉尔写道："按照赫伯特·基奇纳爵士的命令，陵墓遭到亵渎并被夷为平地。马赫迪的遗体被挖掘出来，把他的脑袋从躯体上砍下来……士兵们用手传递到开罗，当作有趣的战利品……四肢和躯体被扔进尼罗河。这就是胜利者的侠义行为。……任何一个同情人道主义思想的人，都不会赞成这种行为。"

丘吉尔不仅把批评的矛头指向基奇纳将军个人，还在一定程度上表达了对苏丹起义者的同情，尖刻地揭露了英国殖民主义者伪善、可憎的面目。他用含蓄的笔墨，批评的态度评价了苏丹战争。他写道：

"……他们便对苦行僧……从马赫迪到哈里发……百般咒骂，把一切可以臆造出来的罪行都加到他们头上……对人们宣称英国和埃及军队开进恩图曼是为了把人民从哈里发的枷锁下解放出来，可是，解放者从来还没有这样不受欢迎……说战争是为了惩罚苦行僧的罪恶行径，那是伪善。"

这些议论引起了英国官方和军方强烈不满。后来，丘吉尔自己也感到这些批评是有些过分，丧失了英国资产阶级和殖民主义者的"应有立场"。出于今后在政治上发展的考虑，1902年该书再版时，丘吉尔删掉了上述议论和一些类似的言论，将两卷本改为一卷本。

成功虽然极具偶然性，但事实上成功的背后需要"洒满奋斗的汗水"和"牺牲的血雨"。丘吉尔取得的每一次成功，都是他努力付出的应有回报。

6. 南非历险

1899年10月，英国政府发动了布尔战争，迅速向南非调兵遣将。这一次还没等丘吉尔开口，《晨邮报》的总编就聘请丘吉尔为该报前往南非的特派记者。报社答应给他优厚的报酬，除了每月可得250英镑之外，在南非采访期间的一切费用均由报社承担，报社允许他享有选择采访地点和表达自己意见的充分自由，同时还可以保留文章的版权。

于是，丘吉尔以战地记者的身份奔赴南非，开始了他九死一生的战地实况报道工作。

丘吉尔在动身前往南非之前，受到殖民事务大臣约瑟夫·张伯伦的接见，出发时又赶上与新任总司令布勒将军及其参谋部人员同乘一艘专轮。

此时的丘吉尔"身材修长，一头淡红色的头发，面色苍白，但相当活泼，经常跳上甲板，翘首眺望，像在憧憬什么似的，就像诗人勃朗宁描写的拿破仑一样；有时他静静地坐着陷入沉思之中，双手时而交叉，时而伸开，这不但不是神经质，倒好像有助于解开思维中的疙瘩"。

当时没有电信设备，前方战况不明，丘吉尔特别担心战争会在他们抵达之前结束。一天，前方驶来一艘货轮，当两船相遇时，军官们向货轮发出信号，让它报告南非近日军情。货轮挂出一块黑板，上面大书这样两句："同布尔人三次激战，塞蒙兹将军战死。"

丘吉尔一见，惊讶不已，想不到布尔人这么厉害，连英军的常胜将军塞蒙兹都战死了。布尔人尽管居住在非洲大陆，因为他们是荷兰人的后裔，所以受到荷兰政府的大力支持，其武力装备也是极为先进的。英布战争初期，英军由于在人数上处于劣势和对布尔人力量的估计不足，所以在以轻捷灵活见长的布尔人面前多次遭到失败。

10月14日丘吉尔乘专轮到达开普敦，旋即换小轮船沿东海岸北上纳塔尔的德班，然后到达埃斯特科特与英军会合。在这里，他遇上了早在印度就熟悉的艾尔默·霍尔丹上尉，并随同霍尔丹上尉指挥的一列装甲车执行侦察任务。

他们一进入布尔人占领区，就遭到了狙击。列车撞在敌人堆放在铁轨上的石堆上，三节车厢偏离轨道，还有一节车厢堵塞在铁轨上。霍尔丹立即组织火力迎击敌人，设法把敌人的火力从列车周围引开。丘吉尔虽不是军官，但在危难关头，他挺身而出，自告奋勇地承担起清除障碍，使列车得以逃脱的指挥任务。

丘吉尔立即带领一些士兵摘掉脱轨车厢与车头和其他车厢之间的挂钩。然后又要司机开动机车一退一进，反复来回冲撞，把倒在铁轨上的车厢缓缓撞开。这些艰难的工作，在敌人时断时续的炮火下，进行了一个多小时才完成。

丘吉尔指挥人员把伤员抬上机车和煤水车，让司机在炮火下启动列车开回去。当列车行驶300多米，过桥以后，已无炮火威胁，他便命令司机停车等候。

他跳下车去接应后面边战斗边徒步撤退的霍尔丹等大队人马。走了不远，就被两个布尔人士兵跟踪追击，子弹从他身旁飞过，他想跑到200米外河谷岩石下避难。

这时，又有一个布尔人骑兵从前方追来，举着枪对着他的脑袋大声喊话要他投降。他一摸腰间，糟糕，手枪在清除路障抢救机车时放在一旁忘记拿了。他想起拿破仑的话："当没有武器，又是一个人之时，投降是可以原谅的。"就这样，他当了俘虏。骑兵押着他走过一段草地，来到一支布尔人骑兵部队中，丘吉尔发现霍尔丹等人全部被俘了。

开始时，丘吉尔以为自己是新闻记者，应该很快从俘房营中被释放。但布尔人却认为，丘吉尔在指挥列车逃脱方面起了关键作用，应被视为参加了战斗，因而把他和其他俘房一起押往比勒陀利亚，关在当地的一所师范学校里。

丘吉尔被囚禁的地方总共关押着60名英国军官，由40名南非警察负责看守。虽然有人昼夜值班，但警戒并不十分森严。

丘吉尔据此提出了一个大胆的越狱计划，即首先袭击警卫，夺取武器，占领这所师范学校；然后袭击比勒陀利亚的跑马场，释放囚禁在里边的2000名英国士兵，夺取步枪和机关枪，举行武装暴动；最后争取全歼城内的500名守军，占领南非的这座重要战略要塞。但由于俘房中的高级军官们强烈反对，这一计划只好作罢。

关了几个星期之后，霍尔丹、丘吉尔等三人策划越狱逃跑。12月12日晚上，他们躲进靠墙的厕所中。趁巡逻的哨兵走到墙边转过身，脸朝向另一头的时机，机灵的丘吉尔飞速地跳上厕所侧边的洗脸台，一纵身，双手攀住围墙顶，把身体拉上去，翻过墙跳了下去。他躲进附近的树丛中，等待继续逃出的难友。等了一阵，还不见有人跟着翻墙出来。

他心想，或许是哨兵听到什么响动，起了疑心，监视得更紧，霍尔丹二人无法脱身，便果断地决定走出那树丛，从漆黑的街道走向郊外，一个人独自逃走了。

俘虏营的伙伴在他被窝中巧妙地塞进一些衣物，布置得像有个人在睡觉的样子，直到第二天一早，哨兵才发现丘吉尔逃走了。当局得知，马上组织人力搜捕，并且张贴布告悬赏缉拿，告示这样写明他的外貌特征并公布赏金：

该犯25岁，高约5英尺8英寸，走路时有些驼背，面色苍白，头发红褐色，蓄有不显眼的小胡子，说话带有鼻音，发不好字母S这个音，不会说荷兰语，出逃前穿一套棕褐色服装。凡有能将该犯缉拿归案者，不论死活，一概赏给25英镑。

据说丘吉尔晚年时，自己的书房只悬挂着三个物件：一把心爱的宝剑，一幅蒙哥马利的字画，还有一个就是用镜框镶好的布尔人抓捕他的那份"通缉令"。每当看到这张通缉令时，他就立即像回到当年炮火纷飞的战场似的，驰骋在千里战场上。

丘吉尔逃出来后，立即奔向铁路，爬上一列车速缓慢的东行货车，藏在一堆装过煤的空袋子里。他希望乘车逃到葡属莫桑比克境内，再从那里回到自己人中间。在天亮前他跳下火车，藏到山谷中一片茂密的小森林里，打算挨过白天，等到夜里再扒火车东行。

他担心布尔人白天在各主要路口和火车上设卡盘查行人和旅客，自己再次遭到抓捕。南非的白天炎热而漫长；小森林里杳无人迹，他唯一的伴侣是一只大秃鹰，还不时地发出可怕的不祥的哀鸣。

丘吉尔身上此时却只有75英镑，还有几颗巧克力糖。他饥渴难耐，却不敢冒险走出山谷。好不容易等到夜晚，他又回到铁路旁边，然而令他十分失望，当晚没有火车通过。在疲乏和饥渴的煎熬下，丘吉尔怀着侥幸心理，冒险朝远处闪烁的灯光走去。

大约凌晨3时许，他走到了一座煤矿旁边。几经犹豫，他最后横下心来敲开了一处房屋的大门。好运气再次降临到丘吉尔身上，给他开门的人是这座煤矿的经理，名叫约翰·霍华德，是一位原籍英国、现已加入布尔人的市民。

霍华德得知丘吉尔惊险经历后，紧紧地握着他的手说："感谢上帝把你带到这里来！我是附近20英里以内唯一不会把你交给南非当局的人……我们会救你出去。"

经过一番安排，霍华德把丘吉尔带到煤矿的小院里，乘着升降机下到深达200英尺的井下，将他藏在一个废弃的采矿点上。

丘吉尔在这里躲藏了好几天，他靠读斯蒂文森的小说《拐骗》打发寂寞时光。小说中那些描述大卫·柏尔弗和阿伦布·瑞克在幽谷中逃亡的惊险故事，几乎和他现在的经历一模一样。此时，他却不知道近几日外边关于他的消息已经闹翻了天，伦敦和南非各地的报纸都在连续捕风捉影地报道他各种下落消息：

"比勒陀利亚12月13日电——丘吉尔虽然巧妙逃脱监狱，但越过边境的可能性甚微。"

"比勒陀利亚12月14日电——据报道，丘吉尔已在边境之考玛提普特车站被捕。"

"洛伦索·马贵斯12月16日电——据称丘吉尔已在瓦特维尔伯文被捕。"

"伦敦12月16日电——关于温斯顿·丘吉尔自比勒陀利亚逃出一事，一般人认为，他早已再次被捕。果真如此，或已被枪决。"

经过漫长的等待，丘吉尔终于等来了脱险的时刻。霍华德已和荷兰人伯根纳商谈妥，将丘吉尔藏在装羊毛的车厢里偷运出境。12月18日深夜，丘吉尔装扮成搬运工人，被送到铁路支线上的一个小车站，躲进装羊毛车的车厢里，在长达16个小时的路途中没有遇上任何麻烦。

19日黄昏，火车抵达葡属海港洛伦索·马斯贵火车站货场。丘吉尔趁着混乱走出了车站，远远跟在伯根纳身后，来到了当地的英国领事馆。

当看到迎风飘扬的英国蓝白红三色米字国旗时，丘吉尔禁不住心花怒放，激动得流下了眼泪。当领事知道眼前站着的人就是正被荷兰军警缉拿的丘吉尔时，立即把他请到使馆里给予盛情款待，并着手安排他早点离开这个荷兰籍居民不少的城市。当地的英国侨民听到丘吉尔抵达的消息，竟成群结队地手持武器来保护他。当晚10时，丘吉尔登上驶往德班的"印度纳"号海轮。

12月23日丘吉尔到达德班时，受到了异乎寻常的热烈欢迎。港口悬挂着许多旗帜；军乐队在码头上鼓号齐鸣；欢迎的人群簇拥着他；海军大将、陆军将领以及当地市长都向他伸出了热情的手；甚至一封封向他祝贺、表示慰问的电报从英国国内以及世界各地雪片般飞来。《圣詹姆斯报》1899年12月29日的报道说：

"温斯顿·丘吉尔先生……被人们高高地抬在肩头走下轮船，一伙热情的欢迎者驾着人力车将他从码头拉到市区，后面跟着大群大群的人，一面欢呼一面挥动手中的英国国旗。到达城防司令部时，爱国热潮再度迸发出来，人们一致请求丘吉尔先生发表演讲，他欣然从命……"

出现这种空前盛况有着十分现实的原因。在他出逃的一周内，英国军队在南非战场又连续遭受失败，而且伤亡的惨重是克里米亚战争以来前所未有的。在英布战争史上，这一周被称为英国军队"黑暗的一周"。而丘吉尔历尽千难万险，在人们都已经为他绝望时，竟奇迹般地安全逃回来，成为"黑暗的一周"中唯一的一线光明。

为了唤起人们对英布战争胜利的信心和勇气，英国报刊抓住丘吉尔的传奇经历大做文章。温斯顿·丘吉尔的名字，不仅传遍了英国，而且随着电波扩散到全世界。伦敦报纸上大登特登丘吉尔在装甲车上，冒着枪林弹雨，排除故障，掩护伤员的动人事迹。至于他越狱脱险的经历，由于夸张渲染，越传越奇，甚至被神化了。

正如丘吉尔自己所说的："年轻人寻求冒险，新闻界需要广告，诚然这两种我都得到了。"丘吉尔已成了当时英国最红的战斗英雄。

丘吉尔返回军中之后，更加趾高气扬，甚至有些得意忘形，对政治大发议论。他用一个政治家的口吻对英国在南非的军事行动进行了尖锐的批评。他说，荷兰人之所以能打胜仗，主要是因为士气高涨，作战方法灵活机动，而且每个南非的荷兰人都能以一当十，冲锋陷阵。英国军队之所以连续失利，关键是因为士气不振，指挥保守、落后。

丘吉尔在历数了南非的重要战略地位之后，建议政府只有增加军费，增派军队，尤其是要增派强大的骑兵部队，才能取得南非之战的胜利。

最后，他以不满的口气尖锐地质问道："大敌当前，难道那些英国绅士们都打猎去了吗？为何不多派一些轻骑兵来？为了我们的国人，为了我们的忠实殖民者和我们阵亡的兵士，我们必须坚决作战到底！"

丘吉尔的批评，在国内引起轩然大波，尤其遭到军方的不满；作战指挥部的老上校与将官们都大为恼怒。他们中有些人拍电报给丘吉尔说，"这里的好朋友们希望你不要再做蠢事"。

然而，丘吉尔却一意孤行，只要他认准的事就一定会做到底。他这种对政府说三道四的行为，常常给他招来不少麻烦，但更多的是为他带来出人头地的机遇。

他说："我的幼稚意见却很快为事件所证实。1万皇家义勇骑兵与各兵种的绅士志愿军被派来援助这里的正规军。在决战之前，这里已集结了25万英军，相当于荷兰布尔军队的5倍。我因此可以用《圣经》上的话安慰自己：做一个穷而聪明的孩子，而不做一个老而愚蠢的国王……"

如今，丘吉尔是以战地记者和骑兵助理副官的身份出现在军中。他在南非接连参加了几次战斗，但他大难不死。有一次他率领一支骑兵袭击敌人营寨，乘敌不备歼灭敌人过半，还俘虏了30人，英军仅损失四五人，创造了以少胜多的战绩。丘吉尔为此十分得意。

然而，他的弟弟杰克来作战部队，就没有他那么幸运，头一次打仗就负了伤。温斯顿的堂兄马尔巴罗第九代公爵也参加了英布战争，他被编在罗伯茨的参谋部。温斯顿的母亲和上流社会的其他一些妇女界名流，租了美国一艘"人类"号医疗船前来照料伤员，对鼓舞士气起了很大的作用。

随着英军实力的加强，战略战术也较之前机动灵活，南非战局逐步向着有利于英国方面发展。1900年2月27日，英军向敌人发起猛烈进攻，经过激战，荷兰人开始退却，向北疾退的车辆、人马掀起的尘土，从地平线各处升起。英军一举攻克比勒陀利亚。至此布尔人一蹶不振，要求停战求和，英布战争遂告结束。

丘吉尔回到伦敦之后不久，令他始料不及的是，母亲竟要与一位和自己同龄，比母亲小20岁的苏格兰警卫部队的中尉乔治·康沃利·斯韦斯特结婚。

作为一个孝子，丘吉尔觉得应当设身处地为母亲着想，成全她的心愿。做儿女的不该畏惧流言，顺从世俗，而置母亲的幸福于不顾。他深知：有一种感情是儿女无法给予母亲的，有一份爱是无法被替代的。

丘吉尔为此还与母亲进行了一次感人至深的谈话，他真诚地对母亲说："妈妈，你应该享有新的幸福。儿子给你的爱再深挚也难以弥补你感情上的空白。妈妈，结婚吧！"

过了一会，他又补上一句从理智和责任出发的劝慰话语："妈妈，现在你和他的年龄差距可能是无所谓的，46岁的妈妈还像26岁时一样漂亮，等到再过15年呢？那时可能会发生危机。妈妈，我不愿你遇到任何不幸！"

可是坠入爱河的人哪里听得进别人的劝告，时尚开朗、丰姿不减当年的母亲固执己见："我想晚年毕竟是晚年，我不愿为晚年而牺牲我可能享受幸福的中年！"

丘吉尔握住母亲的手，深情地说："祝愿妈妈中年幸福，晚年也幸福！"

母亲珍妮夫人的婚礼是在骑士大街的圣保罗大教堂举行的，丘吉尔亲自参加了母亲的婚礼，他宽广的心胸再一次令人们折服。

当年，丘吉尔仍然像前两次一样，以发表过的战地通讯为基础，再充实一些新材料加以编撰，很快就汇集成两本书《从伦敦到莱迪史密斯》和《伊恩·汉密尔顿的进军》，出版后受到新闻界的高度评价，4个月内就销售出1.5万本。一家杂志称他是"当今无与伦比的战地记者"。丘吉尔这两本书的版税以及此前写书和战地通讯的收入，总共约有4000英镑。

1900年11月起，他在全国范围内就英布战争进行巡回演讲，为保守党竞选摇旗呐喊，从而得到了保守党各地实力派的支持。同时还获得一笔数目不小的报酬，结果是名利双收。

同年12月，他又到美国进行了同样内容的演讲。丘吉尔演讲的美国主办人为他做了大量宣传，说他是"五次战争的英雄，六部书的作者，英国未来的首相"。这样的介绍就连虚荣心极强的丘吉尔也觉得有些过分，虽然他心里早就盼望着有朝一日能登上首相的宝座。但因为美国有一股"强烈亲近布尔人的情绪"，加之组织者分成，他的收入比起在英国几乎少了一半。

在纽约，著名作家马克·吐温为他主持了一次演讲会，使他收到了美国之行的最高演讲报酬150英镑。

1901年1月，他还到加拿大进行了演讲。一个月后他便回国，继续在国内演讲。

　　从1900年8月底到1901年2月初五个多月时间内，"除了星期日以外，我差不多每晚都要演说一个小时或更多的时间，有时一昼夜演说两场。我接连不断地奔波，很少在一张床上睡过两次"；"我绝不会忘记，一个又一个大厅挤满了情绪激昂的人，我赶赴一个又一个会场，发表一次又一次演说。我赴会所乘马车的嘎嘎声和迎面袭来的冷空气，同热气腾腾、灯火通明、热情奔放的会场气氛，不时交替出现。"

　　他回到伦敦之后，将所有的收入加在一起，共有1万英镑。这是一笔数额相当大的资本，可以说是比较富裕了。他将这笔钱交给了欧内斯特·卡塞尔爵士代他投资。他至少在近几年中不愁衣食，可以集中全部精力投入到他向往已久，并力图有较大作为的政治舞台上去了。

第三章　步入政坛

1. 反叛的新议员

丘吉尔在南非战场上的传奇经历，不仅给他提供了大量写作素材，使他成为当时英国声名鹊起的年轻作家，而且也给他带来了雄厚的政治资本，为他赢取竞选铺平了道路。

1900年，索尔兹伯里首相解散议会，宣布下议院选举。保守党看到丘吉尔英雄事迹在群众中引起的巨大震动，立刻改变了对他的冷淡态度，十几个选区选民都写信邀请丘吉尔当自己选区的候选人。丘吉尔选择了奥德姆选区，他要让这里的选民有机会"纠正"他们上次没有选他的"错误"。仅仅在一年前，丘吉尔参加这个选区竞选时失败了。

1899年6月，丘吉尔从苏丹回来后，他接受了兰开夏郡奥德姆保守党下议院总部的邀请，参加该地补缺议员的选举。丘吉尔父亲也是从当选这个选区的议员走上政坛的。丘吉尔毕竟初出茅庐，经验不足，在竞选演说中还发表了不利于保守党法案的意见。虽然有马尔巴罗公爵九世和母亲为他张罗，但他还是落选了，而且票数相差甚远。

"人生如跨越障碍物的赛跑，前面往往有许多阻碍，要靠自己努力去跳过、穿过才行。"初次落选丝毫没有改变他对政治的向往，他认为这只是小试牛刀，一点也不沮丧。他那总是充满自信和乐观的本质，更激发他要创造充分有利的条件，敲开保守党的下议院大门，开启自己的从政之路。

这次，丘吉尔是作为一位"战斗英雄"参加竞选的。在竞选中，保守党人充分利用他南非历险的传奇经历进行宣传，为他编写诗歌，谱写歌曲，还雇用著名的歌唱家在音乐厅演唱颂扬他的歌曲。

丘吉尔的堂兄马尔巴罗公爵九世额外捐助400英镑作为竞选费用，还答应每年提供100英镑作为奥德姆选区保守党机构的活动经费；他妈妈也赶来为他游说，内阁大臣约瑟夫·张伯伦也亲临奥德姆选区，在集会上发表演说支持丘吉尔。

在竞选演说中，丘吉尔绘声绘色，向公众介绍英布战争的第一手材料，特别突出地宣传他本人戏剧般的英雄事迹，吸引了许多选民。兴奋、激动的听众向他热情地欢呼。在多方面的努力下，1900年10月丘吉尔终于如愿以偿地成为一名年轻的保守党下院议员。

丘吉尔当选为议员后，保守党的喉舌《曼彻斯特卫报》高调地赞美丘吉尔是"一位勇敢无畏、富有魅力、才华横溢的年轻人"。

英国资深记者史蒂文斯应《晨邮报》总编之约，对丘吉尔进行了一段时间的跟踪调查，发表了一篇名为《欧洲最年轻的议员》的文章，对丘吉尔作了深入透彻的分析：

"论年龄，甚至论气质，温斯顿还是个孩子，但若论个人抱负、深思熟虑、运筹自如、有的放矢、手段高明等方面，他已经是一个成熟的男子汉了……他是个有坚定抱负和敢于为之采取果断行动的男子汉。

"他对于所采取的手段能否使他有效地达到目的，能做出准确的、几乎是令人惊异的判断……他具有老练的国务活动家那种灵活自如处理事务的本领。他也许具备当一个大将军的品质，不过这些品质从未在他身上表现出来，而另一些品质却在他身上表现得很充分。假如他愿意，这些品质能够使他成为一个伟大的人民领袖，成为一个卓越的新闻记者，或成为一个最大的广告商行的老板。

"丘吉尔是个不谦虚的人。特别是在军队中……他自命不凡，经常碰钉子。然而他并不因此自暴自弃。他自命不凡的这个缺点是无法克服的，无论从年龄、从正常的理性或从事实本身来看，都没有为此提供条件……丘吉尔是个沽名钓誉、处世谨慎的人。

"与其说他在盘算如何飞黄腾达……不如说他在深刻地进行自我省察，而这种省察的结果使他相信，他具备将来成为叱咤一时的人物的天赋个性……他的未来是在20世纪。"

史蒂文斯敏锐的眼光所概括的这些特点，在丘吉尔青年时期就已彰显出来，而且一直保留到他政治生涯的最终时刻。他在世纪之初登上政坛，几度成为众目仰视、叱咤一时的风云人物，是那个时代最为杰出的伟人。

丘吉尔不是一个思想家，他没有系统的世界观。同时，他对英国人心目中神圣的宗教也看得很淡。但是受吉本和麦考利的史学著作的影响，他"始终抱着这样一种信念，即杰出人物和英雄创造历史"。

事实确实如此，丘吉尔一直坚信自己是一个肩负国家重任的人，是当今大英帝国的杰出人物和英雄。当他追求决心要得到的事物时，便会勇往直前，执着坚韧，无论他遇到多少个"不"字，他都会坚持到底。他身上有政客的诡辩，有文人的浪漫，有记者追求真相的执着，有战士的勇敢，更多的是坚强。

走出校门时，他曾坦率地对一个朋友说过："我们都是些小昆虫，不过我确实认为我是一只萤火虫。"现在他的志向已经不再是当一只默默无声、发着冷光的小虫，他正在筹划着如何成为一条搅动政治风云的人中之龙。

按照英国议会的传统，新议员来到下院后不能立即发表"处女演说"，他们至少要经过一个月以后才能发表演说。丘吉尔不想浪费时间去等待，只过了四天就发表了自己的首次演说。丘吉尔把英国与布尔人的战争，作为自己首次演说的题目，因为很少有人比他更了解当时南非发生的事情。

可是他这篇演说主张比较温和地对待战败者，与保守党主张把英布战争进行到底，严厉地对待布尔人反抗的路线背道而驰。他说："无论哪一个民族都没有像布尔人那样在言论上得到如此多的同情，而在事实上又得到如此少的实际支援。"他呼吁对投降条件的规定要宽大些。

保守党的大臣们听到这样的演说大为不悦，认为这个年轻人浮躁狂妄，组织性和原则性不强，不能同党的政策保持一致。曾为丘吉尔当选保守党议员出过力的张伯伦此时也顿生悔意，据说他听完了丘吉尔的演讲后，侧过脸对邻座的议员耳语道："议会的席位就这样白白扔掉了。"一开始，保守党的领袖们对丘吉尔这个新议员就没有什么好印象。

此后不久，陆军大臣布罗德里克以政府的名义向议会提出了一项法案，准备建立六个军团，其中三个军团处于完全备战状态，以便随时把他们派往国外。陆军大臣声称："我国已经是一个军事强国，我们应该设法保持这种地位。"

年轻的议员丘吉尔则坚决反对陆军大臣关于增加军队开支的计划，还把自己关于这一问题的演说印成了小册子四下散发。最终这一在议会内外持续讨论了两年的法案未获议会批准。丘吉尔初试锋芒就崭露头角，引起了人们更多的注意。

丘吉尔所以有如此大的能量，除了靠他能蛊惑人心的两片嘴皮之外，他还如法炮制父亲伦道夫在党中建党的做法。他结成了一个"志同道合"的派别集团，集团里都是些与他相仿的沽名钓誉的年轻人。

这个小组的著名成员之一就是首相的小儿子休·塞西尔勋爵，小组的名称"休里干斯"就是从他的名字引申出来的。不久，这个名称就流传得走样了，后来人们就干脆称它为"胡里干"（意思是流氓、街头恶棍）。丘吉尔小组的人，经常同各党著名的活动家会晤，探讨政治问题。

1902年4月，"胡里干"邀请约瑟夫·张伯伦共进午餐。张伯伦在告别时说："你们，年轻的绅士们，像招待国王一样招待了我。为此，我要告诉你们一个像无价之宝一样的秘密——关税壁垒！这是将来，甚至是不久的将来的政治实质。你们要好好地研究它，彻底地弄通并掌握它。要知道，你们不会为殷勤地招待了我而感到遗憾的。"

1903年5月，张伯伦在下议院明确提出改革关税的主张。这一主张公布后，在英国政治生活中引起了爆炸性的反响。采纳这个建议就要从根本上改变国家的经济政策。

一些工业部门，首先是与张伯伦有关联的重工业立即会从关税壁垒政策中得到好处，而轻工业和造船业却有百害而无一利；贸易界也不相信改革关税会带来好处，认为实施特惠制反而会导致英国进口粮食的价格上涨，这就意味着劳动人民的生活水平要下降，所以他们都反对放弃自由贸易制。

丘吉尔在虚心听取专家意见后，形成了自己的见解，认为目前在英国实施关税壁垒政策的时机还不成熟，于是便公开地站在反对张伯伦的立场上。为了使政府陷入更加困难的境地，丘吉尔把关税问题与"民主保守派思想"联系起来。由于这场争论的双方各执己见，导致内阁信任危机，1903年9月9日张伯伦和主张自由贸易的大臣们全部辞职。

于是，巴尔弗首相着手组织新政府。对丘吉尔来说，这是一个走入政坛的绝好机会。但是，巴尔弗没有给丘吉尔提供这种机会，他把政府的一个大臣职位交给了另一位同样年轻，但才华与精力都比丘吉尔差得多的后起的保守党政治家博纳。

但这些并没有将丘吉尔打倒，他坚强地走在通向自己人生目标的道路上，丝毫没有迷失和失去信心，而这种坚韧的性格也终于给他带来了美好的回报。

丘吉尔对保守党心灰意冷，决定离开保守党，投奔自由党。12月，他在结束一次攻击保守党政策的演讲时说："感谢上帝，我们还有个自由党！"

1904年3月，他开始自称为"独立的保守党人"。4月，丘吉尔正式与保守党断绝了关系。随后，有六个选区建议他以自由贸易的独立拥护者身份，参加他们那里的下届议会选举的候选代表。然而，他对这些建议并不感兴趣。丘吉尔清楚，如果想更快地进入政坛，就需要得到一个大党的支持。他意识到将来的英国是属于自由党的，因而决定参加自由党。

5月16日丘吉尔在曼彻斯特发表演说，阐述自己新的政治主张。他把保守党称作为大资本家利益服务的"强大同盟"。这个党执政，意味着党的机器在实行暴政，"在国内贪赃受贿，为了掩盖这种恶习而在国外发动侵略"。他说保守党将要推行的关税政策"对千百万人来说是昂贵的粮食，而对百万富翁来说是廉价的劳力"。

丘吉尔在对保守党人的政策作了无情的指责后，随即从自己演说的讲台下面取出一块不大的面包，并且来回高举着它说："实施保守党人的政策，你们将得到这样一块小面包。"之后，丘吉尔又拿出另一块比先前大得多的面包说："如果保持自由贸易，你们将得到这样一块大面包啊！"

在这次演说后不久，丘吉尔在下议院的座位就从保守党人一边转移到了自由党人那边，并与自由党的杰出青年劳合·乔治坐在一起。他俩后来成了好朋友。丘吉尔称乔治为"自由党大军的杰出将领"。在他们的蛊惑和煽动之下，保守党政府由于在外贸政策问题上的斗争而瘫痪了。

英国政界两名崛起的新手从此开始了长期的友谊与合作。下议院的会议大厅在二战中被德军炸毁。重建的会议大厅于1950年10月26日落成，它的正门两旁分别放着两次世界大战期间英国首相的雕像：一边是劳合·乔治，另一边是温斯顿·丘吉尔。

尽管丘吉尔在政治斗争中倾注了大部分的精力，但是他还是抽出一部分时间为父亲撰写传记。1906年1月2日两卷本《伦道夫·丘吉尔勋爵传》由麦克米伦公司出版发行。

该书出版后受到读者的广泛关注，也得到了评论界一致的好评。《旁观者》杂志认为，作者"避免了党派的偏见"，在对其父亲的怀念中显得很孝敬。他能比较客观而深刻地对现实政治进行剖析，不能不使人赞叹。历史学家彼拉德认为，"它所具有的扎实优点使人们抱有希望，丘吉尔先生比他杰出的但却是神经质的父亲富有更大的坚韧力"。

这本书的出版不仅使人们能更清楚地了解伦道夫的悲剧人生，也使得人们更加关注伦道夫的这个儿子丘吉尔今后的人生发展。

2. 殖民地事务副大臣

1905年12月4日巴尔弗首相辞职，由自由党领袖坎贝尔·班纳曼组织政府，从而结束了保守党人长达10年的执政期。在下一个十年里，由自由党领袖统治国家，而且自由党人（加上联合政府中）任英国首相的时间长达17年。

班纳曼在组织内阁时，请丘吉尔出任财政部副大臣。这对一位刚参政的年轻人来说，是一个难得的机遇，这个职位不但比其他部的副大臣年薪要高得多，而且为今后的升迁奠定了良好的基础。但丘吉尔谢绝了这一任命，而要求改任殖民地事务副大臣这一地位较低的职务。这对丘吉尔来说是明智的选择，他自知对财政事务并不精通，而对殖民地的各项事务则驾轻就熟。

此外，殖民地事务大臣额尔金并不擅长殖民地事务，而且是上议院议员。因此，丘吉尔可以全权代表殖民地事务部在下院发言，为他充分发挥积极主动性，发表独立见解，施展自己的才华提供了一个较为广阔的舞台。

按照当时的规定，大臣和副大臣可以配备私人秘书。丘吉尔邀请一个与他同年的爱德华·马什当私人秘书。马什博学多才，具备较好的政治素质，是一位"智囊"人物。丘吉尔十分器重这位助手，让他跟着自己从一个部调到另一个部，直到1929年，一直在自己身边工作。

马什具有较高的文学造诣，是个有很高审美鉴赏能力的修辞高手。他读过并修改过此后丘吉尔全部著作的清样，使这些作品增加了文采。他为丘吉尔忠诚地效劳，两人良好的合作关系一直持续到1953年马什去世为止。

有人对丘吉尔担任这么多繁忙的国务工作，竟能写出那么多很有影响的著作和文稿，感到大惑不解。丘吉尔有次对一位研究人员透露了其中的一个奥秘："其他人能够替我做的脑力工作，我自己从来不去做。"

丘吉尔一生将大量的专家、学者和其他出色人才网罗在自己周围，充分发挥他们的作用，以致上述研究人员认为，丘吉尔的"组织能力比思维能力更强"。知人善用大概是所有杰出人物共同具备的品质吧。

上任伊始，丘吉尔还来不及熟悉部内各项事务，就不得不面对1906年1月的全国大选。他以挑战的姿态选择了一直是保守党据点的曼彻斯特西北选区参加竞选。在演讲中，丘吉尔透露的强烈反对禁止进一步移民的提案，同情他们试图在非洲的英国殖民地上建立犹太民族中心的设想，得到了当地犹太人团体的强有力支持。

丘吉尔善于运用演讲技巧反驳对手，经常能化不利因素为有利因素，取得了很大成功。他的竞选对手希克斯是一位知名的宗教界人士，在关税改革问题上是个稳健派。他拿丘吉尔转党这一事实大做文章，指责他叛党的恶劣行径，嘲讽他的政治态度前后矛盾。

丘吉尔简单而又巧妙地回答了他的诘难。丘吉尔说："我在为保守党工作的时候，说过许多蠢话，正是因为我不想再继续说这些蠢话，我才离开了它。"机智而幽默的回答不但赢得听众的一片欢呼声和笑声，而且赢得了选票。

丘吉尔第二次当选为议员，不过这回是自由党的议员。

大选结束以后，丘吉尔将全部精力投身到殖民地的工作中去。他多么期盼能在很短的时间内就充分证明自己是一个年轻有为、极富开创精神的殖民大臣。丘吉尔一上任，就锋芒毕露，他每天去顶头上司额尔金勋爵的办公室好几次，滔滔不绝地对额尔金发表他的看法和主张。

殖民地事务部有一位官员曾写道，丘吉尔时常"同额尔金勋爵待在一起20分钟，或半个小时，他在房间里一边来回踱步，一边滔滔不绝地倾吐自己的看法，而额尔金勋爵几乎一言不发。直到最后，等丘吉尔说完，他才转过身来说，'我不同意你的意见'。然后，不管你再说什么也别想使额尔金改变主意"。

还有一次，丘吉尔为他的上司准备了一份篇幅很长的备忘录，他在最后写道："这是我的看法。"额尔金勋爵看后什么也没说，仅仅批上一句话："但不是我的看法。"

但总的说来，额尔金勋爵这位年长的自由党议员还是给予丘吉尔以极大的宽容，他放手让丘吉尔参加所有的工作，他曾经对人说："我决定让他接触但也会对他进行必要的控制。"丘吉尔调离这个岗位后，真诚地对额尔金说："没有一个人能像我这样感到非常幸运，在第一次参加一届政府之际，就遇到一位对人信任、宽大为怀的上司；在处理政务的过程中，我从你的教诲和楷模中学习到很多东西，而如果我在别的地方，或许我的一生依然是茫无所知。"

他上任之后面临的第一个大问题，就是南非原布尔共和国的前途问题。他负责草拟一项议案，即《德兰士法案》，将英布战争结束后被并入英殖民帝国版图的德兰士瓦和奥伦治，同英国移民较多的开普敦、纳塔尔合并，组成南非联邦，作为英国的自治领地，像加拿大、澳大利亚、新西兰那样。

他在议会辩论中答辩时说，以前的殖民地占领政策是用一条腿站立的，现在让南非在大英帝国范围内自治的新政策是用两条腿站着，"如果要使英国在南非的统治持久稳定，则必须长期取得与布尔人的合作"。

用武力征服原本独立的国家，把它变为殖民地，然后又给殖民地以一定限度的自治权力，丘吉尔将这种进三步退两步的做法吹嘘为对殖民者的"阳光和煦"、"宽宏大量"。因为只有把布尔人拉拢到英国一边，才是真正的长久之计。

这一议案获得通过，于1909年生效。这在一定程度上缓解了英国和荷兰移民后裔布尔人之间的矛盾，可是他们却牺牲了南非的绝大部分当地土著黑人的利益，对当地土著人实施残酷剥削和专制统治。土著人很快就明白了这一点，开始了为争取政治权利而斗争的活动。他们于1912年就成立非洲人国民大会组织。

3. 双喜临门

洞房花烛夜，金榜题名时。1908年丘吉尔双喜临门，他不仅走入内阁，而且还找到了终身伴侣，可谓是爱情与事业双丰收。

2月12日，坎贝尔·班纳曼首相突然中风，而且康复无望了。他的继承人阿斯奎斯开始组建新内阁。阿斯奎斯安排丘吉尔接替劳合·乔治担任商务大臣，而且他答应将商务大臣地位提高到内阁大臣这个等级。这样，丘吉尔就在1908年4月进入内阁，时年33岁，成为英国政府近50年来最年轻的内阁大臣。

根据当时英国的法规，非全国大选时当选的议员，在升任内阁大臣时，必须辞去议员身份，参加补缺选举，重新当选议员后才能就职。为了争取选举的顺利进行，丘吉尔与马什4月中旬便到达曼彻斯特选区，但是这次选举已经大别于两年前。

在曼彻斯特选区，一方面遭到了上次失败的保守党猛烈的攻击，另一方面自由党政府因提出减少国家对教会办学经费资助的法案，导致原来支持自由党的大量信天主教的爱尔兰人，站到保守党一边，更何况自由党对选民许下的诺言几乎没有得到一点兑现，尽管这样的现象在英国已经是司空见惯的事情。

这些都让人们对自由党的信任度下降了很多。诸多原因，导致了丘吉尔在这次选举中失败。

后来他参加了丹迪市的补缺选举。丹迪市是一个拥有两个议席的选区，由于上届两位议员中的一位自由党议员不久前被封为贵族，因而空出了一个席位。这里在传统上属于自由党的势力范围，选民绝大部分属于工人阶层，从事麻纺和造船等行业，坚决拥护自由党自由贸易的政策主张。丘吉尔在此进行补缺选举是很有利的。

丘吉尔的演讲在这里获得极大的成功，他幽默风趣、机智巧妙的言语颇受选区人民的喜爱。当地的报纸报道说："不管坐着的还是站着的听众都报以狂热的赞同。"投票的结果，丘吉尔以高票当选。此时，丘吉尔可以如愿以偿地去商务部上任了。

丹迪市是丘吉尔的福地，在这里他不但15年连续获得议员选举的胜利，而且意外地得到了一生厮守的克莱芒蒂娜夫人。

正在丘吉尔春风得意的时候，另一个引人注目的消息传开了。1908年8月15日伦敦几家报纸上刊登了这样一则新闻：年轻的内阁大臣温斯顿·丘吉尔与23岁的克莱芒蒂娜·霍齐娅小姐订婚。

由于丘吉尔孤僻内向的性格、多年的军营生活和对政治的强烈兴趣，很少有时间与女性交往，仅有的一段与印度少女帕米拉的短暂恋情痛楚，早已被事业的成功抹平。说来也巧，"千里姻缘一线牵"。在丹迪市竞选的时候，丘吉尔与以前在宴会上碰过面的克莱芒蒂娜再次相遇。

克莱芒蒂娜是一个典型的美女，有着极为标致的五官，漂亮的眼睛，可爱的肤色，浓密柔软的乌发，能说一口流利的法语，又对政治很感兴趣。

竞选结束，丘吉尔邀请克莱芒蒂娜与自己堂兄森尼一同去特兰小镇游玩，晚上住在那里的一所旅店里。出人意料的是他们的住所突然燃起了熊熊烈火。

于是，丘吉尔戴上消防队员的帽盔，领导了抢救物资的工作，并冒险冲入火海抢救财物。当他又一次从喷着火舌的房屋里跑出来时，说时迟，那时快，屋顶就在他的背后倒塌下来。报纸在报道这起火灾时写道："如果丘吉尔晚跑出来一秒钟，他就将葬身于残垣断壁之中。"

丘吉尔的英姿勃发和口若悬河，早已深深地印刻在克莱芒蒂娜心中；眼前的勇敢机智，又怎能不打动这位年轻貌美的克莱芒蒂娜的芳心？她感谢上帝把这位优秀的丈夫赐予自己，高兴地接受了丘吉尔的求婚，这场大火成为丘吉尔和克莱芒蒂娜的月下老人。从此，两人产生了深厚的感情，并结为终身伴侣。

9月12日，隆重的婚礼在圣玛格丽特教堂举行。丘吉尔头戴高礼帽，身穿黑色燕尾礼服，健壮的身体显得格外潇洒；克莱芒蒂娜修长而苗条的身躯，披上镶有威尼斯花边的柔软的白色锦缎婚纱，美丽动人。这对佳侣双双走进教堂，1400多人前来为他们祝福，教堂四周街道上还挤满了大批围观者。

国王爱德华七世赠送一根嵌有马尔巴罗家族族徽的镶金马六甲手杖，大银行家卡塞尔赠给年轻夫妇500英镑礼金。两位主教（其中一位是哈罗公学原校长威尔登）主持婚礼，劳合·乔治当证婚人，休·塞西尔为男傧相。

婚礼之后，他们先到布伦海姆宫拜访马尔巴罗公爵，到先父伦道夫在家乡附近的坟墓凭吊，接着去瑞士和意大利进行浪漫蜜月之旅。在这段时间里，克莱芒蒂娜发现丘吉尔几乎一刻也没有停下他十分热恋的工作。

婚礼仪式刚刚结束，还没从教堂走出来，丈夫就兴致勃勃地同乔治谈论政治问题；在布伦海姆期间，新郎无论怎么也不肯放下手中的书稿；在旅途中他还给同事写了几封长信，讨论当前需要处理的公务要事，交代处理各种问题的指示和建议。

在两人共同生活的56年中，丘吉尔对自己的妻子极为满意，这段堪称白头偕老的美满姻缘，在资产阶级政治家当中是不多见的。克莱芒蒂娜成功扮演了自己的角色，在她的精心布置和安排下，家里被收拾得井井有条，装饰得优雅精致。他们两人性格是互补的，丘吉尔一向急躁、冲动、爱冒险，而克莱芒蒂娜则较为理智、谨慎，使丘吉尔的粗暴习气变得较为温和起来。

尤为难得的是克莱芒蒂娜在政治上还是丘吉尔的好帮手。在后来的竞选中，克莱芒蒂娜为丘吉尔跑上跑下，出谋划策，摇旗呐喊；在丘吉尔政治蛰伏时期，克莱芒蒂娜时时相伴左右，给丘吉尔以精神上的鼓励和支持。

克莱芒蒂娜贤惠美德为丘吉尔在风云变幻的政治领域，创造了一个稳定而安谧的家庭环境。当别人问及他夫人时，丘吉尔开怀地说："假如她嫁给别人，可能会生活得更好些，可她却选择了我。我一生最显赫的成就是她嫁给了我，我深深地感谢她！"他们相敬如宾，相濡以沫地度过了幸福美满的一生。

除去一个夭折的女儿外，他们有三女一子。由于自己幼小时受父母忽视，丘吉尔对儿子伦道夫过分地溺爱，甚至有些放纵，致使伦道夫从小就养成好高骛远、骄横暴躁、生事闯祸的性格。为了让儿子有更好的发展，当儿子还是小学生时，他就急切地让儿子参与自己的一些活动，同自己的政治朋友结交，导致他形成了不脚踏实地、狂妄自大、目空一切的性格。

小伦道夫虽当过议员和记者，也颇有才华，但终归是浪得虚名，不成大器。正如科尔维尔所说的，"毫无疑问，造成不幸的部分原因是，他是在一棵大树的树枝下长大的，一棵小树在大树下的土壤中很难苗壮成长。"

三个女儿依次是黛安娜、莎拉和玛丽。莎拉和玛丽在第二次世界大战中分别参加了皇家空军和陆军妇女辅助工作队的摄影、测绘工作。

丘吉尔上任之初，英国正处于周期性经济萧条之中，失业人数大量增加，减发工人工资现象经常出现，工人怠工甚至罢工的现象时有发生。他发现，自己为平息劳资纠纷耗时费力，疲于奔命，而结果却并不令人满意。究其原因，是政府对此局面缺乏必要的行政干预手段，他决心用立法手段来改变这种状况。

他上任后的第一天就到劳工统计局索取有关劳工职业介绍的资料。此后他接受部里的贝弗里奇的看法，认为成立劳工职业介绍所是进一步处理失业问题的根本性策略。在此基础上，建立并实施了一套强制性失业保障制度。

他在商务部负责制定的第一个立法就是"血汗劳工"法案。这项法案决定通过国家干预，保证劳动条件极差、工资极低的某些工厂和行业的工人获得较合理的生活。

他在煤炭工业系统建立了8小时工作日制度。他还在贸易部内设立劳工职业介绍所，帮助失业者寻找工作，帮助企业家雇佣工人。这些措施在一定程度上增加劳动力流动的机动性，减少因失业引起的惊恐情绪。

他在贸易部工作得心应手，既管贸易，又管劳工，社会矛盾有所缓解，赢得工人阶层的支持，获得议会和内阁的好评。当时政府决定将贸易大臣的年薪从2500英镑增加到一等大臣的5000英镑，丘吉尔高风亮节，请求从别人取代他以后再生效。阿斯奎斯首相答应了他的请求，这一姿态更博得了人们对他的好感。

与此同时，他的演讲风格也日益成熟。他在大选前受命到各地进行巡回演说，每次演说都很少重复以前讲过的内容，连首相本人的选区，也请他去演说。这些演说辑录为《人民的权利》一书出版，这本书实际上成了自由党人的竞选手册。

4. 青云直上

1911年2月首相阿斯奎斯改组内阁，丘吉尔被重新任命为内政大臣。丘吉尔35岁就当上内政大臣可谓是获得了事业上的巨大成功。

因为当时在英国，内政大臣的权力很大。全国监狱和少年罪犯营、伦敦警察局和消防队的监督以及对外侨、道路、桥梁、运河、矿山、农业、捕鱼、社会治安、社会公德等等都归内政部管辖。

该部对组织议会选举也有一定权力，它还可建议国王赦免罪犯。王子和公主的诞辰庆典通常由内政大臣主持，王位继承人和新国王登基也是由内政大臣宣布。

除此之外，丘吉尔还被委派向国王呈报议会辩论的每日通报，他总是高兴地完成这项委派。

还是从主政贸易部的那一天起，丘吉尔就在自己办公室的写字台上摆放着一尊拿破仑的小铜像，后来这尊铜像就伴随主人从一个部转到另一个部。这一引人注目的新摆设，可以看出丘吉尔早已把拿破仑作为自己的偶像，一直对这位叱咤风云的法国资产阶级政治家和军事家钦佩得五体投地。

此外，是否还隐藏着这样一个秘密：从当上内阁大臣那天起，他的下一个目标就是首相，做一个拥有英国最高权力的拿破仑。

我们对此不便妄下判断，不过，从丘吉尔的政治行为中，我们还是可以看出他具有拿破仑性格两面性的特征：拿破仑一面推动了法国资本主义的发展，把革命的影响扩大到周围各国，狠狠地打击封建势力，而另一面却实施对外疯狂侵略，对内实行独裁统治并且称帝的野蛮行径。

丘吉尔如出一辙，在任贸易大臣期间，他关心穷人疾苦，推进社会改革；而现在改任内政大臣时，却用暴力镇压罢工，甚至屠杀示威妇女，暴露出资产阶级统治者残酷压迫人民的本性。

作为大英帝国的忠实臣仆，尽管丘吉尔在维护工人权益方面做了不少工作，但日益激烈的阶级斗争使他越来越憎恨工人，甚至动用军队对付时而发生的"劳工骚乱"。

1910年11月，南威尔士矿工为要求增加工资，与煤矿公司之间发生了一场冲突。资方对工人要求的回答则是强行解雇罢工工人。工人为了行使自己的纠察权力同警察发生了冲突，激烈的冲突很快发展成了短兵相接的搏斗。警察动用的力量已远远超出了维持秩序的需要，他们使用武器无情地屠杀工人。

丘吉尔从伦敦向罢工地区派去了1000名警察还嫌不够，他又同陆军部联系，向那里派去了军队。丘吉尔警告矿工联合会说："一旦发生什么事，就会毫不犹豫地授权动用军队。"

几乎与此同时，伦敦发生了妇女参政运动的游行请愿活动。面对300名游行者，丘吉尔调动多达1200人的警察部队。妇女们企图冲破警戒线，结果遭到警察毫不留情的镇压。这种野蛮行径顿时在市内激起了强烈的愤慨。

尽管丘吉尔采用了残酷的镇压手段，但全国范围的工人运动还是风起云涌，层出不穷。1911年8月，铁路工人为声援海员和码头工人的罢工而宣布总罢工。他们是为争取运输公司承认他们的工会而举行的维护主权的正义罢工。

丘吉尔不顾工人阶级的合理要求，企图动用军队来挫败罢工。他不等地方当局求援就主动调来军队"维持运输秩序"。同工会代表会见时，丘吉尔表现得盛气凌人。据接近丘吉尔的人回忆说："他得意扬扬地边看着英国地图边指挥部队向前运动……他在这方面的错误令人吃惊。他经常发布残害生命的野蛮公告。"

在镇压这次罢工中，丘吉尔竟然动员了5万名士兵，并给每个士兵配备了20发子弹，部署在各个"战略据点"。他动用军队驱散游行队伍。伦敦、利物浦和拉内利三市的士兵向游行者开枪，造成了大量伤亡。

动用军队对付工人，彻底地暴露了丘吉尔这个"自由党"的政治家和"社会改革者"向工会和工人阶级的残酷压迫和剥削的本质。丘吉尔虽然在工人群众中的名声愈来愈坏，但却得到英国统治集团的一片赞美声。国王在给丘吉尔的电报中说："令人信服的是，你所采取的果断行动使国家不同地区避免了生命财产的损失。"

19世纪后期至20世纪初期，国际形势日趋紧张，英德之间矛盾日益尖锐化。后起的帝国主义国家认为它抢占的殖民地最少，要求重新瓜分世界，它们的侵略扩张对老牌殖民国家英国威胁最大，正是"山雨欲来风满楼"。

1911年7月，德皇威廉二世乘坐"豹子"号炮舰来到摩洛哥的艾加迪尔附近，企图在摩洛哥分占一片势力。摩洛哥是法国的殖民地。德国此举无疑是想向法国示威，同时也是在向欧洲的其他老牌资本主义国家示威。针对德国的挑衅行动，内阁大臣乔治警告德国说："如果德国人迫使英国作战，英国定将战斗下去。"

同时，丘吉尔也对德国驻英大使麦德尔·尼赫伯爵说："德国不应企图同英国在海上开战。如有必要，德国建成一艘军舰，我们将建造两艘——激进派与保守派无论怎样相互指责，但在这个问题上的立场是一致的。"

作为内政大臣，丘吉尔还采取了许多实际措施。他同陆军部联系，说服他们对存贮在伦敦地区的火药进行警戒，防备作战时德国在英国领土上搞谍报和破坏活动。他频繁拜访外交部和陆军部，与军方高级将领亲密接触。还花费了大量时间查询帝国防务委员会的工作情况记录，以了解各方面的详细情况和英国备战时的现状。

在此期间，丘吉尔越来越关心对外政策问题。他花费了许多时间研究英国同欧洲各国的关系。他得出了同德国打仗已不可避免的结论，而其他所有问题都被置于次要地位。他写道："七年之内，我不会考虑其他任何事情。"并根据军事专家们的想法和情报写出了一份关于"本大陆军事行动问题"的备忘录呈报阿斯奎斯首相。

丘吉尔这份备忘录写得很成功，它显示了丘吉尔"丰富的想象力和天才的军事思想"。他不仅善于收集那些著名军事专家的意见和结论，还亲自作调查研究，并经自己"健全的头脑加以筛选和进行了内行的分析"。丘吉尔科学地预见，未来战争中的主要战役将在法德两国领土上进行，他提出向法国派遣13个师的英国远征军，加上辅助部队共计30万人。

这一切都证明丘吉尔已经成长为一个较为成熟的政治家。英国内阁和国防委员会批准了丘吉尔的报告，并且按照他的要求全面备战。

丘吉尔同工人运动做斗争的强硬果断，研究军事问题表现出来的聪明才智，对德国发动世界大战的高度警觉和科学预见，促使阿斯奎斯和其他主要内阁成员都认为丘吉尔是新任海军大臣最合适的人选。

9月底阿斯奎斯首相问丘吉尔，他是否愿去海军部。几年前，首相曾向丘吉尔提出过这一问题，当时他拒绝了。不过现在他觉得大战来临，海军部的工作大有用武之地，丘吉尔随即满口答应下来。

从丘吉尔转入海军部时起，他作为一位国务活动家的成长时期已经结束。在新的岗位上，他的任务是在未雨绸缪时积极训练英国海军，做好同德国作战的一切准备。

5. 海军大臣

1911年10月25日，丘吉尔出任海军大臣，从担任海军大臣到一战爆发之间的33个月中，丘吉尔雷厉风行、大刀阔斧地改革海军，加紧进行备战，为建设强大的海军夜以继日地工作。

他上任第一天便在自己办公室写字台后面的墙上，挂上一幅北海大地图，每天用小纸旗在地图上标出德国舰队部署和活动情况，以便时刻提醒自己及部下保持敌情观念。他在海军部机关营造一种德军进攻迫在眉睫的临战气氛，要求参谋人员日夜值班，以便一有情况就能发出紧急警报。

他把家搬进了海军部大楼，他大部分时间都在海军快艇"魔女号"上度过。他走遍了几乎所有的军舰和造船厂，视察了所有的海军基地。虽然此刻他已经是两个孩子的父亲，但是他那种雷厉风行的办事作风却与从前一样，甚至有过之而无不及。

秘书马什给友人的信中写道："温斯顿每天都要到晚上8点或更晚才下班……我甚至连星期天也指望不上了。在过去的四个星期日中，我有三个是在'魔女号'快艇上度过的。"

他仿效陆军，在海军创设作战参谋部，把指挥权集中到自己手中；他还将大臣同几位部务委员集体决策的传统工作方式，改变由他直接向部务委员发号施令。他还接连更换了军队中年老资深但观念陈旧的重要岗位上的一些领导，这些改革引起一些将领的不满。他还在朴次茅斯开办海军作战学院培训参谋人员。

他上任不久便提高了下级军官的待遇和士兵的薪饷，同时还修订了许多不合理的处罚条例，让优秀士兵有升任军官的机会，受到了下级军官和士兵的热烈欢迎。海军《舰队》月刊主编说："在海军史上，还没有一位海军大臣在处理下级军官与士兵的各种待遇问题时，能比温斯顿·丘吉尔具有更为切实的同情心。"

丘吉尔的海军改革计划越来越深入，并更多地涉及技术层面革新。他决定用昂贵的石油替代煤炭作为军舰燃料，从而大大提高航速。英国当时不产石油，丘吉尔说服政府，花费200万英镑的巨资购买伊朗一家石油公司的控制权，并成立了"英国—伊朗"石油公司。海军元老级人物约翰·费希尔对丘吉尔的这一决定给予大力支持。

他决定改进舰艇的武器装备，包括将主力舰上13.5英寸口径炮换成15英寸的炮口。

他还积极扩建英国皇家海军航空队，为了体会飞机这种新型武器的各种性能，他冒着生命危险，不顾家人的反对，从1912年起开始学着驾驶飞机，成为人类历史上为数极少的第一批熟练的飞行员。

丘吉尔本来不懂海军，但他在海军部的一系列举措却搞得有声有色，较短时间内就大大提高了英国海军战斗力。他成功的秘诀是请学识渊博的海军上将费希尔当顾问，向一切内行的人虚心请教，在实践中学习，在学习中实践，迅速地从外行变成内行。

后来当丘吉尔离开海军部时，原陆军大臣基奇纳对他说："您永远可以引以自豪的是，您已使英国舰队做好了充分的战争准备。"

1914年7月28日，第一次世界大战爆发。

早在1905年，德军总参谋长施里芬就将整个作战计划制订好了，并命名为"施里芬计划"。计划中设想，在未来的战争中，分东西两个战场，在西线同英、法军队作战，在东线同俄军作战。

为了避免在两条线上同时作战，施里芬准备先集中主力，用闪电战的方式，用4到6周时间，迫使法国投降。然后再用3到4个月的时间征服俄国。为了能在作战时迅速调动军队，还在国内修建了一个完整的战略铁路网。

为了实现这一作战计划，8月2日，德国要求比利时借道给德国军队，对法国作战，这个有辱国格的无礼要求，遭到比利时政府严正拒绝。比利时及时向英国发出求助信号。当天丘吉尔为了推动政府对德宣战，未经政府批准，擅自命令海军作战前总动员。8月3日，政府批准了丘吉尔的动员决定。8月4日，德国进攻比利时，英国以德国破坏比利时的中立为由，向德国宣战。

同时，8月1日，德国向俄国宣战。俄军给予猛烈还击，但在东普鲁士战役中，被德军战败，被迫退守。

这样，欧洲各帝国主义大国，除意大利还在动摇外，都卷入了这场旷日持久的血腥战争中。

争强好斗的丘吉尔喜出望外，英雄有了用武之地。他写信给妻子说："发生的每件事都在导致灾难的降临。难道造成这种状况还不可怕吗？然而对我来说，参战完全是引人入胜的事情。但我还是乞求上帝饶恕我这种轻率的情绪。不过为了更为持久的和平，我将竭尽全力。"

在西线陆战方面，德军于8月10日攻下比利时，又于8月21日兵分五路向法国北部发动全面进攻，法军失守，被逼后撤。9月5日至9月12日，英法联军在马恩河对德军进行反攻，马恩河战役使德军遭受重创，并使其以闪电战结束西线战争的计划崩溃。

而西线海上的争斗，主要是在英德两军之间，其他国家海军都是防御性的。英国有当时世界上最强大的海军力量，以"海上霸王"自居，而德国的海军力量仅次于英国。

9月22日，德国舰艇向正在荷兰沿海巡逻的英国的3艘老式装甲巡洋舰施放鱼雷，这3艘军舰在没有驱逐舰的护卫下，全部被鱼雷击中，1500多名海军丧生。这次德国的胜利是新式武器装备——潜水艇取得的第一次巨大的胜利。英国海军的惨败令丘吉尔十分难堪，这场灾祸还引起英国国内对海军实力的担心与忧患。

11月1日，德国的舰队在智利海面上遇到了英国一支弱小舰队，双方立即展开激战，英军"好望角"号被德军击沉，克拉多克少校与舰上的1400多名官兵葬身海底，还有一艘英军军舰也被击沉，其余两艘见势不妙，乘机匆匆逃走了。丘吉尔对这一事件十分气愤，当即决心进行报复。

12月7日，由海军少将多尔顿·史特迪率领的7艘英国战舰，抵达阿根廷附近的福克兰岛，与死里逃生的两艘英国军舰会合，并通过电台对德国舰队进行追踪。

12月8日，德军军舰在一心追赶英国那两艘逃跑的军舰时，遭到英国舰队的伏击。双方经过了激烈的交战，击沉了4艘德国军舰，只有1艘德舰逃跑，德国舰队司令彼什和他的舰队同归于尽。从此，"大西洋海面上安静了，德军的战舰再也不敢在海上横行霸道了。"丘吉尔总算出了一口恶气，为英国争回了面子。

1915年春，德国改变了战略方针，在稳定西线战局的同时，集中主要兵力攻打俄国，企图歼灭俄国后再来收拾英法。

1915年1月，俄国陆军总司令向英国发来请救援助的电报，希望英军对土耳其采取牵制性行动，把对高加索俄军造成巨大压力的土耳其军队引开。

丘吉尔在战事委员会旧事重提，反复阐述最好的防御手段是进攻的思想，认为进攻不仅可以援俄，还能迫使土耳其退出战争。英国政府对这一请求进行了研究，陆军大臣基奇纳和海军第一部务委员费希尔都同意开辟新的战线，进攻加利波利半岛。

战事委员会通过了发动达达尼尔海峡战役的重大决定，安排海军与陆军协同作战。但是会后费希尔认为英国海军主要目标是北海，不应向地中海分散更多兵力，而基奇纳对陆军前去远征也不是很积极，再加上丘吉尔刚愎自用，难以合作，便埋下了日后协同不力，行动迟缓的种子。

2月19日英法舰队向达达尼尔海峡周围工事展开猛烈袭击，海峡入口处炮台大多被摧毁。

3月18日英军再次猛烈轰击土耳其要塞，压得对方几乎无法还击，胜利的希望似乎浮现在眼前。但军舰向前行驶时突然触雷，3艘大型军舰沉没，4艘失去了战斗力，几分钟内局面发生逆转，英军损失过半。从此，海峡上的海战无法再打响了。

4月25日，行动迟缓的陆军前来参战，英国再次进攻达达尼尔海峡，但最好的战机已经贻误。此时土耳其已加强了半岛的防御，并且改由经验丰富的德国将军指挥作战。英军登陆时遭受炮火猛烈轰击，数以万计的官兵倒毙于滩头阵地，岛上制高点仍然全部控制在土军手中。

11月，英军全部撤出加利波利半岛，达达尼尔海峡战役以英军战死、病死、受伤、被俘4.7万人而告终。

由此可知，战机对于战争的胜利多么重要，而人和又起着决定性作用。真是"天时不如地利，地利不如人和"。由于陆军将领的私怨而滞发部队，贻误了整个作战计划顺利进行，导致海军在无援的情况下惨败，给国家和人民造成惨重的代价。

战争一结束，国内舆论就哗然一片。《晨邮报》接连发表一组文章，愤怒谴责丘吉尔。

保守党领袖博纳·劳发表声明：如果丘吉尔不辞职，保守党拒绝参加正在筹组中的联合政府，拒绝支持阿斯奎斯领导的战时内阁。

丘吉尔倚重的海军上将费希尔也向他提出了辞呈。丘吉尔不得不在阿斯奎斯改组内阁时辞去海军大臣的职务，只在内阁中挂了个不管部大臣之名。

失去行政权使丘吉尔像突然变聋一样，感到无限失落。虽然不管部大臣是个报酬不菲而又不需做事的清闲职务。按照乔治的说法，"这种职务通常是为年老体弱、德高望重的政治家准备的"。丘吉尔十分沮丧，他想到了当年的父亲，认为自己的命运就如同父亲一样悲惨，并对李德尔勋爵说："我是一个没有发展前途的人。"

李德尔则安慰他说："你这么年轻，不可能没有发展前途，你具有非凡的能力。"

丘吉尔无法在政府中谋得一个参与指挥战争的职位，便毅然辞去不管部大臣这个徒有虚名的高职，做出了一个惊人的决定：以少校军衔奔赴驻法英军作战部队，上前线打仗去。

丘吉尔在海军大臣任期内，还干成了一件非凡聪敏的奇事。他既没有系统地学过自然科学技术，又没有干过专业技术工作，居然凭着他那爱幻想、爱创造的"思维发动机"和崇尚实干的决心与行动，把发明坦克的杰出构想变成了现实。

在一战初期，丘吉尔看到英国的空军基地面临德国机群轰炸的威胁，便想生产配有高射机枪的装甲汽车来保卫航空兵。但是，汽车无法顺利通过满是战壕的地段，于是他又产生了一个念头，仿照蒸汽压路机的样式来改进装甲车，推土填塞壕沟，或者让装甲车带上4米长的轻便桥梁，放下便桥即可跨越壕沟。他向首相提出这些方案，遭到一些人的冷嘲热讽。

1915年2月，海军航空兵默里·修特上校对丘吉尔说，解决这一问题的最好办法是采用履带链轨。丘吉尔敏锐地抓住了这一创意深入思考，加以完善，很快制造出"能越过战壕的具有小型装甲护板并装有履带的气动牵引车辆"，大家给它起了一个比喻性的名称"陆地主力舰"，未来坦克的雏形就这样诞生了。

坦克在以后的战场上发出了无与伦比的神威，人们都把丘吉尔称为"坦克之父"。后来有些人对坦克的发明权产生争议，为此美国专门成立一个皇家委员会来研究这个问题，得出的结论是："委员会愿意首先指出，由于丘吉尔的勇敢、敏锐和坚决……用坦克这种武器作战的设想才得以实现。"

第四章　宦海浮沉

1. 军需大臣

1915年11月15日，丘吉尔辞去不管部大臣后，在家庭医生的劝告下，到法国南部去度假。

11月18日，天空阴沉沉的，丘吉尔来到伦敦码头，登上前往法国的轮船。他内心愁苦无法言说，只好将满腔热血洒在欧洲大陆上。他一直在告诉自己："决不，决不，决不放弃。"他是这样想的，也是这样做的，这也是他一生经历那么多艰难曲折而没有被打倒的"成功秘诀"。

关于丘吉尔的"成功秘诀"，还有一个精彩绝伦的故事。1948年英国牛津大学举办了一个题为"成功秘诀"的讲座，特意请来了大名鼎鼎的丘吉尔来为大学生们演讲。前来聆听的大学生人山人海，都翘首企盼这位伟大的人物对"成功秘诀"的真知灼见。这位威震欧洲，身材魁梧的首相，迈着军人的步伐登上了演讲台。他向热情的学生挥了挥手，说：

"我的成功秘诀有三条：第一条是，决不放弃；第二条是决不、决不放弃；第三条是，决不、决不、决不放弃！"说完丘吉尔就走下了讲台，转身离去。

所有的听众都惊呆了，但在短暂的沉寂之后，台下的听众面对空无一人的讲台报以热烈的掌声！

丘吉尔的这次演讲，在国外被称为是著名的一分钟演讲，也是众多外国政治家中，最成功、最有影响力的一次演讲，虽然时间短暂，但在世界演讲史上却堪称"经典之作"！在我们这个世界上，只有真正懂得"成功秘诀"的人和具体参加过实践而没有被打倒的英雄，才能在演讲台上发出这样的吼声，做出这样精彩的演讲。

丘吉尔决心从军事上获取功名取得新的荣誉，为东山再起聚集更加雄厚的资本。他的朋友比弗布鲁克回忆当时情景写道："全家人包括女仆都去欢送这位战士——国务活动家，他挂着军刀站在一旁。他忠实的秘书马什站在台阶上哭了……母亲珍妮夫人站在更高处，想到自己杰出的儿子要到战壕里去而完全绝望。唯独丘吉尔妻子克莱芒蒂娜表现沉着冷静，精神饱满，并且坚信丈夫一定会重返政坛。"

因为妻子克莱芒蒂娜深深地明白：在丘吉尔看来，只有在政治上建功立业，为英国人民尽自己的历史责任，才是人生的根本意义之所在。

丘吉尔在布伦海港登陆，出乎意料地受到英国远征军总司令弗伦奇将军的热情招待。丘吉尔请求到前线作战部队体验生活，为掌握指挥权创造好条件。于是弗伦奇派他到近卫步兵团一个营里去见习一个月。

为了很快融入部队的作战环境，丘吉尔接受以往教训，处处小心谨慎，努力处理好同事关系，并主动请求每天两次陪同营长巡视战壕，终于博得营长好感。结束见习时，营长向弗伦奇称赞丘吉尔的良好表现。弗伦奇有意任命丘吉尔当旅长，可是阿斯奎斯首相不同意，说丘吉尔想做个军人，就必须通过所有军阶逐级升迁。

丘吉尔被派到苏格兰毛瑟枪第六步兵营当营长，军衔升为中校。他为了能迅速赢得官兵的喜爱，特意为自己设计了一套英式与法式军服相结合的奇形怪状、引人注目的军服，那圆而大的头上，总爱扣上一顶浅蓝色的法国钢盔，讲话时的那种风度和洒脱，总是让人感受到他那生机勃勃和乐观开朗的内心。

他还在军营中开展歌咏活动，举办体育竞赛，丰富士兵业余生活。丘吉尔的幽默搞笑和平易近人，很快赢得士兵们的拥护，他们都喜欢这位曾经是大人物的中校营长。

他的部下终生记得他爱说的一句名言——"战争是一种游戏，玩起来应当满面笑容"。

1916年3月他休假回国参加议会关于海军问题的辩论。他发现政敌们只是揪住达达尼尔海峡之战的老问题不放，对他恶意地嘲讽谩骂，根本不考虑他的发言是否有理；而且此时首相与内阁成员在政策上存在较大分歧，政府正在酝酿着一场新的危机。他觉得他应该有责任和义务重新开始他的政治生涯，于是打定主意退伍回国。

4月间，由于部队人员缺编严重，苏格兰步兵第6营与第7营合并，原第7营营长资格比他老，因而出任新合并营营长。丘吉尔正好体面地离开军营，5月间回到伦敦。

1916年年底，阿斯奎斯首相垮台了，由劳合·乔治组织联合政府。新首相是丘吉尔早年的朋友，打算让他在政府中任职，但保守党人提出强烈抗议。保守党领袖博纳·劳说，如果政府中有丘吉尔，他绝不参加政府。

乔治首相非常了解丘吉尔，他在回忆录中曾这样写道："温斯顿·丘吉尔曾是第三位自由党的大臣，他可能成为政府的重要参加者，是当代最杰出的神秘人物之一。在我当首相时，他已经有几个月不当大臣了，但他仍然是一位著名的自由党党员。他出众的智慧，不容怀疑的勇气，孜孜不倦地认真研究军事艺术的精神，能够使他成为战时内阁的一位重要成员。"

按照英国的惯例，发生重大政府政策失误时，要成立调查委员会进行情况核实。1917年1月，劳合·乔治任首相不久，便成立调查达达尼尔海峡战役失利情况的委员会，该委员会严格按照法律来评论某些国务活动家和军事家的行动，并广泛听取证词后提出报告。

报告结论认为，首相、陆军大臣和海军大臣对战役失败负主要责任；阿斯奎斯首相在3月19日到5月14日一段时间未召集战事委员会会议，部署和贯彻确保军事行动获胜的措施；基奇纳在调遣陆军参战过程中行动迟缓拖沓，这是丘吉尔曾经提出过抗议的；并且认为丘吉尔的任何错误行动都并不犯法，因为他每个行动都与海军顾问们协商，并提到战事委员会来让大家讨论。

尽管结论很清楚，但仍有人说，如果不是丘吉尔千方百计地说服政府和陆海军各领导人，这一战役本来是打不起来的，但调查结论基本上是公正的，丘吉尔总算卸下一个沉重的政治上的大包袱，摆脱了政治上的被动局面，为他东山再起带来了新的转机。

1917年7月，劳合·乔治觉得自己的政权比较稳固，考虑让丘吉尔参加政府的时机基本成熟。为了减少阻力，他安排丘吉尔担任军需大臣。这个职务不是内阁成员，不能参加领导战争，也无法影响政府的政策。

这一次劳合·乔治做得既巧妙又果断，他先把反对丘吉尔的主要人物诺斯克里夫安排到美国，然后改派现任军需大臣艾迪生负责研究战后重建问题，未同其他内阁成员进行磋商，就宣布了对丘吉尔的任命。这一冒着政治风险的任命成为既成事实后，使被排挤出政治圈长达20个月之久的丘吉尔又重返政坛。

劳合·乔治后来写道，他在任命丘吉尔的过程中，碰到许多麻烦。他认为，丘吉尔做事从来不留余地，他退出保守党后，对自己原来的同事无情地攻击，对原先的保守党的观点和弊端冷嘲热讽，所以遭到如此冷酷无情的反对。

"对于他的才干，我有另外的看法。"劳合·乔治说，"我认为，在他的行动可以受到监督的条件下，他那善于创新的头脑和充沛的精力是无价之宝……在极其危险的时刻，应当充分利用这类人。如果能够警觉地对待他们，他们单独做出的贡献要比一大群庸庸碌碌的人做出的贡献大。"

丘吉尔非常珍惜这次重返政坛的机会，他为重新进入政府感到幸福。他又以百倍的热情投身到自己所热爱的政治工作中。

正如《泰晤士报》记者里平汤指出的，在任命后的几周里，"他看上去变成了一个新人……我从未见过，哪一个人能在如此短暂的时刻里完全变成一个崭新的人"。

丘吉尔本人是这样谈论自己新使命的："既然没有让我提议案，我就抓紧制造武器的工作。"

战争期间，军需部大臣的职责很重要。军需部是一个庞大的组织机构，它不仅要制造坦克、大炮和飞机，而且还要生产其他各种军需品和运输工具。丘吉尔在这里进行了紧张的、卓有成效的工作。他每天上午在伦敦军需部工作，中午乘飞机赶往法国，下午就在法国军事指挥部办公。

他本人在给劳合·乔治的信中写道："这是一个很好的部门，几乎同海军部一样有意义。这里还有一个更大的优点，就是不需要同海军将领争执，也不直接对德军作战！我钦佩这里所有聪明能干的人，他们竭尽全力帮助我。能够同有学识的人一道工作我感到十分高兴。"

1917年，战争进入到第三阶段，德国转入全面防御阶段。美国也于1917年4月对德宣战，成了协约国在财政和军需方面的支柱和直接参战者。

这一年11月7日（俄历10月25日）俄国爆发了社会主义革命，开辟了人类历史的新纪元。以列宁为首的苏维埃政府宣布退出帝国主义大战。旷日持久的战争让人们感到国力不支，精疲力竭，彼此都希望尽快结束战争。

1918年3月，德国在西线发动了最后一次强大的攻势。德国投入了所有的兵力，企图赢得战争的胜利。此时丘吉尔在法国目睹了战斗的过程。战斗持续了40天，英国动用了30万兵力。

传说，法国人认为，英国招架不住德国人的打击，并因此采取消极观望态度。劳合·乔治派丘吉尔到法国说服了克雷蒙梭总理和法国的总司令福煦元帅，并制订两军协同作战的计划，为战争的胜利赢得了法军的宝贵支持。

不久，英法盟军转入反攻，德军节节失利。1918年11月11日德国宣布投降。

历时4年零11个月的第一次世界大战以协约国的胜利告终。当晚，丘吉尔在唐宁街10号首相府同劳合·乔治共进晚餐。虽然外面伦敦市民欢天喜地庆祝战争结束。然而，丘吉尔的心情却十分忧郁。

他后来写道："当时，我有两种心情：一方面我害怕未来；另一方面我想帮助被打垮的敌人。"丘吉尔认为，英国的敌人虽被打败，但是，"目标尚未达到，其他敌人依然存在，在胜利者中间，有一股阻碍公正解决世界问题的新生力量，正在争权夺利"。

丘吉尔所说的妨碍英国擅自处理世界问题的新生力量，指的是俄国伟大的十月社会主义革命和席卷欧洲许多国家的革命运动。丘吉尔和他的同伙劳合·乔治都认为，必须"用战争镇压"革命，妄图把新生的苏维埃革命政权扼杀在襁褓之中。

丘吉尔满脑子想的是新的反革命战争，但是他暂时还不得不掩饰自己的阴谋诡计。他不得不伪装自己同保守党人和部分自由党人组成的所谓"联合派"站在一起，千方百计赢取选民的信任。

1918年12月英国大选，"联合派"获胜。他们在议会的707个席位中获得了487个席位。丘吉尔被任命为陆军大臣，同时兼管空军部，又成了英国政府中的核心阁员。一旦大权在握，丘吉尔就忙于着手实施他的武装干涉俄国苏维埃政权的反革命计划了。

2. 身兼数职的内阁大臣

1919年1月14日，丘吉尔在白金汉宫参加了授任仪式。

当时陆军部和空军部面临的最紧迫的问题是士兵复员问题。数百万在欧洲大陆征战多年的士兵渴望回家与亲人团聚，过平民的生活。1917年制定的士兵复员政策出于对战后工商业建设的急需考虑，优先复员一些对工商业恢复和发展有用的技术人才。

这样就造成一种矛盾：那些服役长、吃苦多、功劳大的士兵甚至延后复员，激起他们心中的愤慨。一时间陆军的军纪几乎废止，士兵们的怨恨发展成为示威和反抗。

丘吉尔曾写道："根据各军营传来的消息，一周之内就有30多起士兵不服从管束的事件。往往有相当多的士兵自由活动好几天而不接受任何约束。"形势对丘吉尔说来极为严峻。

上任第二天他就立即召集军方和非军方的人士共同研究，制订了一项依年龄大小、服役时间长短以及受伤轻重为依据的新复员计划。丘吉尔对这一政策概述为："在4个人中让3个人走，给留下的这个人双份薪水，以完成4个人所担负的工作。"同时为了补充兵源的不足，大胆招募和训练志愿兵来担负军队应负的责任。

丘吉尔在这一特殊时期中所采取的一系列得力举措，表现出他过人的胆识和魄力，终于比较稳妥地解决了这一棘手问题，受到了人们的广泛称赞。丘吉尔在35年后对一个朋友说："这是我做得最好的事情之一。"

丘吉尔在陆军部面临的另一个重大而紧迫的问题，是英国及协约国对俄国革命的干涉问题。1920年丘吉尔写道，他在第一次世界大战后的政策是："同德国人民和睦相处，而对布尔什维克则要干戈相见。"

十月革命爆发后，俄国沙皇和贵族遭到镇压，被迫逃亡到国外，兔死狐悲，丘吉尔对世界上第一个社会主义国家充满强烈的阶级仇恨。按照劳合·乔治的说法，"为了反对掌权的俄国工农，丘吉尔那贵族的热血都沸腾起来了。"

早在对德战争结束后，英国政府就采取措施扩大对俄国的干涉。据统计，到1919年初丘吉尔出任陆军大臣时，英军已有约1.4万名士兵在俄国驻扎。

丘吉尔为了消灭新生的苏俄，维护大英帝国的全球战略利益，处心积虑地使用了种种政治、外交和军事手段。他在巴黎和会上侃侃而谈，大肆鼓吹成立俄罗斯问题委员会。1919年5月，巴黎和会决定承认高尔察克为全俄国的统治者，并向他提供一切援助，以使他的权力真正扩展到全俄罗斯，这是丘吉尔路线的胜利。

从巴黎回国以后，丘吉尔为了实现在巴黎通过的决议而大肆活动，他加紧准备定于1919年春开始的由高尔察克向苏俄进攻的计划，为俄罗斯南部的俄国最高执政者邓金民提供军需品。

同时，丘吉尔想利用德国来对付俄国社会主义革命。因为劳合·乔治以及帝国自治领的总理们不愿由于干涉俄国革命而卷入一场新的很可能是旷日持久的战争。

丘吉尔在4月9日给首相的信中认为，对苏俄的政策应当是"把德国养起来，并迫使它同布尔什维克主义争斗"。

阿斯奎斯的女儿当时曾问他说："您对俄国的政策是什么？"丘吉尔回答说："消灭布尔什维克，同德国佬接吻。"

此外，在丘吉尔的鼓动之下，英国政府还采取了强有力的措施来扩充并加强西伯利亚的高尔察克军队和俄国北部的武装干涉者的军队。但是，鉴于国内工人运动的发展，在如何更有效地反对俄国的革命问题上，英国统治集团内部存在分歧。

因为劳合·乔治在政府中的地位比较虚弱，丘吉尔公然纠合寇松、塞西尔等大臣，继续坚持对苏俄的武装干涉政策，他异常顽固地利用各种形式去说服一切可以说服的人，要他们相信坚决反对俄国革命的必要性。

丘吉尔领导的陆军部在安排英军撤出俄国的同时，仍未放弃自己的努力，向武装干涉者和白卫军输送了数百万英镑的军火和装备，足够装备一支25万人的部队。

他宣称："在历史上所有的暴政中，布尔什维克的暴政是最坏的、最具有破坏性和最为卑劣的。"

工党领袖麦克唐纳当时写道："就算丘吉尔先生是位权力无限的帝王吧，也不该如此慷慨地挥霍国家的财产和人民的生命！"

丘吉尔的倒行逆施，激起了人民的反对。英国国内掀起了"不许干涉俄国"的强大的群众运动。1919年6月17日，在索斯波特举行的工党会议上一致谴责干涉俄国。同日，战时内阁会议也讨论了这一问题。劳工部副大臣谢克尔顿提醒阁员说，主要是由于武装干涉，英国工人阶级中的不满情绪才不断增长。在英国，把对苏俄的干涉叫作"丘吉尔先生的个人战争"。

为此，《每日快报》在7月29日一篇评论中写道：英国人民"绝不希望在俄国打一场大仗！让温斯顿·丘吉尔这个自大狂、疯狂的好战赌徒见鬼去吧！把我们的士兵都召回家园！"

1921年年初，苏俄红军彻底打败了白军，英国及其他帝国主义国家妄想借助武力消灭苏俄的阴谋破产，随即英国就承认了苏维埃政府的合法地位。

他花在空军部的时间不多，但他为建设空军这一兵种立下了汗马功劳。他认为应及早建立空军自己的独立体系，设立专门机构来研究空军精神和飞行风格，使空军迅速成长为未来战争中一支强大的力量。

1920年年初，在平定索马里殖民者的反抗暴动中，丘吉尔大胆启用空军的一个中队作为作战的主力，出乎意料的是很快结束了战斗，为英国节省了一笔数量可观的军费。从此，空军经常被用来对付殖民地的武装起义。

丘吉尔武装干涉苏联的政策失败后，他在陆军大臣的位置上就没有大事可做了。此时，英国殖民地的民族解放运动此起彼伏，英国政府鉴于丘吉尔在以往平定骚乱中的表现，1921年1月中旬，改任丘吉尔为殖民地大臣。

丘吉尔就任新职后，首先在殖民部内新设中东司。他请出在大战期间煽动阿拉伯人反抗土耳其的劳伦斯，来替他出谋划策。接着召开开罗会议，讨论如何统治托管地问题。

在劳伦斯建议下，丘吉尔采取利用伊斯兰教和阿拉伯人傀儡统治阿拉伯人的方法，把麦加的一个酋长费萨尔选去充任伊拉克国王，允许犹太人在巴勒斯坦建立"民族之家"，将约旦从巴勒斯坦分离出来，让费萨尔的长兄阿卜杜拉当约旦国王，而英国则在这些地区派驻空军当太上皇并镇压可能出现的反英活动。

爱尔兰的民族独立斗争已持续了漫长的岁月，第一次世界大战后期，爱尔兰新芬党领导共和军举行了多次反抗英国统治的暴动。在平息爱尔兰的反抗斗争中，英国政府困难重重，军警很难彻底平息爱尔兰人的反抗。

丘吉尔主张首先用武力打垮爱尔兰军队，然后再给爱尔兰南部各郡以安抚，并给予部分自由。他的这一主张没有得到政府的通过，英国政府决定同新芬党进行谈判。

爱尔兰主要谈判代表是格里菲斯和克林斯，克林斯是反英武装斗争的杰出领导人，谈判的进程艰难曲折。

有一次谈判在丘吉尔家中举行，克林斯同丘吉尔发生了激烈的争吵，他站起来大声说："你们日夜追捕我，还公布了我脑袋的价钱。"

丘吉尔也站了起来，从墙上取下镶在镜框中的当年布尔人通缉他的布告，拿给克林斯看，接着说："不只是您一个人碰到这种事。给您出了好价钱——5000英镑！瞧，我才值多少钱？死的活的都是25英镑！这不令您感到骄傲和愉快吗？"

同爱尔兰人旷日持久的谈判于1921年结束，结果英国承认爱尔兰南部26郡建立在大英帝国内部实行自治的"自由邦"，但北部6郡仍归英国统治。

3. 财政大臣

丘吉尔奉行的反苏政策以及鹰派态度的殖民政策，导致议员对政府的不信任，保守党和自由党的联合政府走到尽头。1922年10月，劳合·乔治下野，保守党领袖博纳·劳上台，解散议会，举行大选。

丘吉尔在这次大选前期因为患急性阑尾炎住院动手术，所以未能参加前期的竞选活动。妻子克莱芒蒂娜抱着刚出生的女儿来到丹迪市，代表丈夫发表竞选演说，但是她的演说常被喊叫声所打断。最后丘吉尔本人拖着"虚弱的病躯"，脸色苍白，行动艰难，坐在临时改装的轿子里，到丹迪市发表竞选演说。演说时也多次被拥护工党候选人的选民所打断。

他写道："一些青年男女脸上那种可怕的仇恨表情使我感到惊讶。的确，如果不是我处于病后软弱无力状态，我相信，他们是会把我打死的。"结果丘吉尔惨遭失败，这是他自1900年以来第一次被排除在议会之外，下沉到他一生中的最低点。丘吉尔无限感伤地说："我还没来得及眨眼，就失去了工作，失去了议会中的议席，失去了党，也失去了盲肠。"

后来经劳合·乔治再三推荐，国王授予丘吉尔勋爵爵位，作为一种精神抚慰。

丘吉尔耐不住寂寞，他急切盼望自己可以早日回到内阁中去。当时任议员的好朋友却认为他的政治生涯已经结束，他只能在文学方面显显身手了。他告诫自己："成功就是不断失败，而不丧失热情。"永不屈服、一心报效祖国的丘吉尔却在酝酿自己下一步棋该怎样走。

他从1922年的大选中已清楚地看到自由党已变成一条正在下沉的船，今后议会中必将是保守党与工党颉颃对峙，一党为执政党，另一党为主要反对党的局面。他决定采取逐步婉转而体面的策略，离开自由党，重回保守党。

1923年首相博纳·劳因患喉癌辞职。这个人与丘吉尔积怨很深，坚决反对丘吉尔再回到保守党的障碍瞬间消失，而新一代保守党领袖鲍德温同丘吉尔的关系还不错，他的上台，为丘吉尔靠近保守党提供了一个有利的机遇。鲍德温上台后即解散了议会，并决定在1923年12月重新进行选举。

这次丘吉尔以自由贸易主义者的立场参加竞选。他在竞选中一方面继续主张自由贸易，另一方面又把主要矛头对准工党，集中攻击苏联，大反社会主义，以此向保守党讨好。

当他在伦敦一个区发表演说时，市民向他挥舞拳头，有人甚至扔石头砸碎他的汽车玻璃，丘吉尔在《新闻晚报》发表谈话说："在我参加社会生活的25年当中，就我所见，这是英国人中最不文明的一群人。"这次改在莱斯特选区的竞选，他再次落选了。

在这次大选中，保守党、工党、自由党得到的议席是

258：191：159。没有一个党在下议院中得到绝对多数议席。丘吉尔生怕自由党支持工党上台，便劝说自由党领袖阿斯奎斯同保守党合作，结成反社会主义执政联盟。

可是阿斯奎斯却认为可以让工党试一试，如果工党政府违反资产阶级根本利益，就撤回自由党对工党的支持，那时工党就会因为议席不够而自动垮台。丘吉尔得知，气得决心早日退出自由党搞独立行动。

1924年1月，工党领袖拉姆齐·麦克唐纳组织了英国历史上第一届工党政府。它奉行的仍旧是资产阶级利益的内外政策，并与苏联建立了外交关系，进行商务谈判，这令许多工人选民大为不满。

不久，工党政府因为传说与苏联共产党联系在国内进行社会主义暴动，遭到保守党和自由党的反对。自由党不再支持工党政府，于是1924年10月又解散议会进行大选。

这次大选对丘吉尔来说是一个大好机遇，一开始便得到保守党首领鲍德温的提名，推荐他到埃平选区参加议员选举。丘吉尔本人不愿意被称为"保守党人"，于是让他以"宪政主义者"的身份参加竞选。

在演说中，有人问丘吉尔是否为了要同保守党合作而放弃了自己的政治立场时，丘吉尔解释说："如果说我能够诚恳地同保守党合作，并不是因为我改变了自己的立场，相反，是保守党已经非常明智地回到或正在回到有远见的进步纲领上来。"

竞选的时候，丘吉尔有时一天就同一个题目发表四处演说，每次都能运用不同的语句和改换不同的例证，令人不但无烦躁感，而且感到新颖有力，一再显示出他善于打动人心的才华。他抓住工党执政中的问题大加抨击，说工党完全无法解决失业问题。

这次选举，丘吉尔还得到保守党政要和一些贵族的支持，声势十分浩大。最后丘吉尔当选，再一次回到了议会，回到了阔别20年的保守党的怀抱。

英国新闻界评论说："他换一个党就像换一个舞伴那样轻率。他只忠实于他真正相信的一个党，这个党就是温斯顿·丘吉尔牌号的党。"自由党的《曼彻斯特卫报》发表评论说："他已经是第二次离开沉船了，因为他有宝贵的本能，不仅能够第二次浮上来，而且得到了高官厚禄。"

保守党在这次大选中大获全胜。1924年11月7日，鲍德温组织保守党政府，任命丘吉尔为财政大臣。丘吉尔当财政大臣，确实有点出人意料，连鲍德温事先也没想到。

首相起初只是觉得，遵照英国古老的政治传统，把潜在的敌人变成战友，给丘吉尔在政府内安排个职务，"在政府内比在政府外更容易控制"。鲍德温当时是提议张伯伦来担任财政大臣职务的，但张伯伦拒绝接受此职，反而希望去卫生部，并推荐丘吉尔担任财政大臣。

丘吉尔怎么也没想到，一下子蹿升到内阁第二把手的高位。他在吃惊和感激之余，向鲍德温发誓，保证对他忠诚不贰，并补充说"你为我做的事情比劳合·乔治所做的还要多"。

当朋友们向丘吉尔祝贺时，他不禁想起19世纪两任保守党首相迪斯累里的话："政治上风云变幻的乐趣是领略不尽的。"

面对数十年宦途的最大成就，丘吉尔穿上30年前父亲大人担任财政大臣时的官服，兴冲冲地走马上任。丘吉尔对财政问题一窍不通，而且缺乏任何兴趣，读书时就没学好数学，竟当了财政大臣！丘吉尔传记的一位作者弗吉尼亚·库斯说："这是国家的不幸，也是丘吉尔本人的不幸。"

面对他迄今担任过的最困难的职务，丘吉尔把他的秘书班子一下子扩充到五人，并依靠财政部的顾问班子出主意，处处小心谨慎，避免重蹈父亲的覆辙，努力迎接这次他以为是通向最高职位的最后的擢升。

1925年4月28日，丘吉尔向议会提交财政部议案：决定恢复战前实行的黄金本位制，恢复英镑的黄金外汇平价。这一议案是由英格兰银行行长蒙塔古·诺曼提出并一再坚持的。支持者认为这样做可以控制黄金外流，紧缩通货，降低物价。以年轻的经济学家凯恩斯为代表的另一派则认为这会造成失业率的增加。

丘吉尔为慎重起见，就这一问题邀请两派人士在一起磋商。最后丘吉尔权衡了利弊，决定采纳支持者的意见。执行的结果，使1英镑升值到等于4.86美元的水平，为英国金融界财团增加了10亿英镑的额外收入。

但这项改革对英国的工业和工人阶级却是个沉重的打击，酿成通货膨胀，引发了1926年5月4日开始的英国历史上第一次全国性罢工运动。

凯恩斯在他写的小册子《丘吉尔先生政策的经济后果》中说："为什么丘吉尔犯了如此愚蠢的错误？大部分原因是，他缺乏不至于犯错误的洞察力，部分原因是他没有主见，听从了财政界的意见，他的专家们把他搞糊涂了！"

每年提出的财政预算报告，是财政大臣的重头戏。因为这是关系国计民生的大事，其中的增税减税措施更是直接与千家万户的收入与支出息息相关。他提出的预算，在下院都能顺利通过。出色的演说家以动人的言辞，弥补了蹩脚的理财家的不足。他在议会发表的言论，以透彻的说理和深邃的目光而著称。

一位反对派人士说："他总是能够把他所接触到的每一个论题都阐述得清清楚楚，他具有一种惊人的能力，从而使听众确信，他刚才所说的问题，比其他任何问题都更重要。"1957年—1963年期间任英国首相的哈罗德·麦克米伦说："没有一个人不流露出对他所显示的机智、幽默、独创性和演说技巧的钦佩。"

当然，他的预算演说的成功，主要还在于编制的财政预算符合和维护了在议会中占多数的保守党人及其所代表的势力的利益。

丘吉尔要求削减海空军的扩军计划，实行的是一条紧缩政府开支的路线。他在预算中也有促进社会福利改革的措施，如给孤儿寡母发放抚恤金，把领取养老金的年龄从70岁提前到65岁。但是这些经费大多靠雇主和就业工人捐助，国家财政不增加预算开支。

总的来说，丘吉尔当财政大臣期间政绩平平，在全国范围内，保守党由于反对工人运动和对失业问题束手无策而威信扫地。英国历史学家指出，1929年的"英国已悲观失望，痛苦不堪……因此渴望变革。"国内政局动荡不安，保守党的威信大大降低。

这一年，资本主义世界发生了经济危机，股价狂跌，股市崩溃。因此，这次例行的大选对保守党来说是非常不利的。

丘吉尔像往常一样全力以赴地投入到竞选斗争中去。他除了每天发表多次演说外，还出动家庭成员争取广泛的支持。克莱芒蒂娜为他主持集会，18岁的儿子伦道夫替他发表演说，就连刚刚步入社交界的长女黛安娜，也为父亲竞选积极活动。

最后，丘吉尔虽然当选了，保守党却丧失了大量议席，而工党以288个议席领先。6月间工党领袖麦克唐纳受命组阁。这以后，丘吉尔失去大臣职务达十年之久。

4. 在野岁月

从世纪之初到第二次世界大战前夕，从首次当选议员到重任海军大臣，这40年政治生活中，丘吉尔经历了三次他称之为"黑狗"（即沮丧）折磨的时期。

第一次是从1915年辞去不管部大臣到1917年担任军需大臣这两年多。第二次是从1922年议员落选到1924年担任财政大臣以前这两年，这是他几次人生低潮中的最低点。第三次是从1929年7月失去财政大臣到1940年3月重任海军大臣，整整十年漫长的在野岁月。

第一次低潮中丘吉尔有近半年的时间是在法国前线部队当军官，不过此时的他毕竟还是下院中的议员，还能经常在下院滔滔不绝地发表演说和垄断谈话。但他更希望担任行政领导职务，在指挥、管理的岗位上实干、大干，干出有目共睹、有口皆碑的业绩来。很快在自由党领袖劳合·乔治的提携下，他回到了政界。

而在经受第二次沮丧的时候，他失去了议员，失去了党，失去了参政议政的机会，这次是他政治生涯中最为惨淡消沉的一段日子。丘吉尔"恰似一个玩具被人搞坏了的孩子"（莫顿少校语）。不过他并没有因此精神崩溃，更不会虚掷时光。他用创作上的高峰填补了政治上的低谷，著述和绘画的成就与喜悦，聊以抚慰官场的失意和寂寥。

丘吉尔在医生的建议下，1922年12月初，他携家人和秘书马什到法国南方休养去了。在这段时间里，丘吉尔画了很多画，绘画使他逐渐摆脱了现实生活的盛衰荣辱所带来的烦恼。

丘吉尔说："画画是极大的安慰，画画帮助我经受住残酷深刻的考验。若不是绘画，我不会活着；我忍受不了各种事情带来的紧张。"美国总统尼克松从他画中粗犷的笔画和鲜艳的色彩中，看出他以绘画来宣泄被压抑的能量。

他遗传了母亲的禀赋，对色彩的感受很灵敏，并接受了画家塞尚讷的门徒的指点，他的绘画博得了画界行家的好评，不少作品还被国家博物馆珍藏。他曾对一位记者说，如果我一天画不完两幅画，这一天就算白活了。著名画家毕加索对他的评价是："要是他是个职业画家的话，准可以不愁吃穿。"

如果说，绘画还是他的新的业余爱好，那么，写作则是他固有的专长。1922年12月，在法国的一幢别墅里，丘吉尔抛开一切无关事务，开始他的著作《世界危机》的写作。书中主要描述一战的爆发和他从1911年到1914年末任海军大臣的体会。

从这本书开始，丘吉尔采用了向秘书口授的方式写作。他一天能口授三四千个词。他口授时，总是喜欢嘴里叼着一支没有点燃的雪茄烟，在房间里一边来回走动，一边口授着，先小声叙述着每一句话，等到他觉得措辞清楚妥当之后，再高声向秘书复诵一遍。

《世界危机》第一、二卷于1923年问世，到1929年，这部长达2000页5卷本的巨著全部问世。在这一部巨著中，丘吉尔更加鲜明地体现了他的英雄创造历史的观点，同时也实践了他"创造历史的最好方法是把它写出来"这一原则。

在撰写这一时期所有最重要的世界性事件时，作者总是傲慢自负，狂妄自大，他认为，作为政治家比自己同时代的人高明得多，只有他亲自操办的国家事务才是正确和合理的。难怪巴尔弗勋爵称这部作品为"融进了世界史的丘吉尔的光辉自传"。

但不论怎么说，在欧洲，既是政治家而又能在记叙自己参与领导的历史大事中进行深思的，自恺撒写《高卢战记》以来，丘吉尔写《世界危机》是第一人。

《世界危机》一书使丘吉尔名利双收，仅头两卷就为他赚得2万英镑的稿酬，丘吉尔用这笔钱在恰特维尔购置了一处庄园和地产。但他总是忧愁苦闷，因为他现在置身于政治生活之外，无法在国家大事中发挥应有的作用。1924年11月在鲍德温组阁时却意外地当上了5年的财政大臣。

丘吉尔第三次离开内阁后，这个曾被称为"世界著名的政治家中最贪图享受的人"，充分享受着闲暇时光的美好。他很会享受生活，在恰特韦尔庄园过着很有规律的写作生活。

他通常早上6点30分或7点去浴室洗脸、刷牙，看报纸，吃早餐。然后在床上工作两小时，之后便去洗澡、散步，喝一杯苏打威士忌，又重新工作。

下午1点午餐，除吃必要的食品外，还备有香槟、葡萄酒、白兰地、雪茄。接着午睡一个半小时。下午工作，到5时左右又喝一杯苏打威士忌。晚餐后同克莱芒蒂娜玩15子游戏，之后又去洗浴。

从晚上11时到凌晨两三点钟，是他口述的主要时间。他一昼夜睡眠时间很少超过7小时。一天约抽15支雪茄，但很少把每支都抽完，要是抽到半截熄灭了，就不再点燃。即使在人生弥留之际，还躺在床上对身边的至爱亲朋说了一句令在场所有人大为震惊的话："来一杯白兰地，来最后一杯白兰地。"

丘吉尔还十分喜爱沐浴，他对洗澡沐浴有着特殊的要求。洗澡时浴缸里必须放2/3的水，水温控制在37摄氏度左右。并且一天洗两次——晨浴和暮浴。

关于丘吉尔洗澡还流传着一段佳话。那是丘吉尔担任首相之后的事情，他去白宫拜访罗斯福总统。一次他正在沐浴，罗斯福敲门，丘吉尔随口就说："进来吧！"当罗斯福看见一丝不挂的丘吉尔时便转身要退出浴室。丘吉尔幽默地说："大不列颠的首相是没有什么东西需要对美国总统隐瞒的。"

这句话的确对当时的人们来说，是很搞笑的事情，但这确实是丘吉尔真实内心的表白，预示着英美两个英语民族亲密友好关系的未来。

丘吉尔还是一位旅行家，每年夏天，有时还在冬天，都要进行一次出国旅行。行踪所至，主要是地中海周围欧、亚、非洲各国，有时远涉重洋去北美洲。他不晕船，喜欢航海度假。

1931年12月，丘吉尔又来到美国作演讲旅行。一次，他在横穿马路时，忘了美国的交通规则是车辆靠右行驶而不是像英国那样靠左行驶，在他只顾向左看的一瞬间，被疾驶而来的一辆汽车撞倒在地，即刻失去了知觉，腿部和手臂都受了重伤，前额和鼻子也被擦破。

当警察过来的时候，丘吉尔立即承认错误，"警察先生，是我不小心，不是司机的过错，不要怪罪他。"肇事司机被丘吉尔的真诚所感动，立即把他送进医院进行治疗。

丘吉尔这次不幸事件被美国记者大为宣扬，一时间丘吉尔的名字为美国人所熟知。许多美国报纸都刊登了丘吉尔和肇事司机的合影照片。

1930年9月至10月间，《新闻纪实》连载了他的《我的早年生活》，接着便出版了单行本，受到了读者的如潮好评。直到晚年他还津津乐道地说这是他"以往写的一部最好的书"，文学技巧日臻成熟。《泰晤士报》评论此书说："几乎没有人能够用一只如此有把握的手，去拨弄所有的琴弦：幽默、亢奋、不动声色的嘲讽，对已消失的习俗和荣耀，令人感伤的遗憾，追寻友谊。"

接着丘吉尔又着手进行了一项规模宏大的写作计划，就是对他的著名祖先马尔巴罗公爵撰写传记。为了把他写成学术性传记，他先后聘请两个牛津大学历史系优秀毕业生做助手，代他到伦敦、巴黎、维也纳等地搜集和整理原始资料，调查和利用马尔巴罗家族后代和远亲的收藏品。1932年他还亲自去马尔巴罗战斗过的德国巴伐利亚和奥地利考察古战场遗迹。

这部缅怀祖先的史学巨著的创作，让丘吉尔对马尔巴罗公爵的军事思想和外交战略有了更为深刻的理解和吸收，对于后来他在二战中拟订系统的军事战略，加强外交上的大联盟有着直接的影响。美国总统肯尼迪特别爱读这本传记。

德斯蒙德·麦卡锡高度赞美了《马尔巴罗传》这部书的价值，"丘吉尔先生的书，对于任何一个旨在掌握国家事务，或者可能有一天会发现自己在公职中处于负责地位的人说来，是有教育意义的。"

1933年年初，丘吉尔同出版商卡塞尔签订了写作《英语民族史》的合同。到二战爆发前此书书稿大体完成，但由于战争的冲击，被迫中断，直到1958年3月才出齐4卷本。这一时期，他还在报刊上发表一系列文章，出了不少小册子和演讲集。

他写作的大量文章和书籍，为他带来了极高的酬金。他在这一时期平均每年收入约10万美元（约合2万英镑），这比他担任政府大臣时的薪俸要高得多。

尽管丘吉尔从写作活动中得到了"大量收入"，但他还是常常感到手头拮据，甚至有时还迫不及待地催要稿酬。因为他不仅在恰特韦尔庄园建设上投入了大量资金，而且家庭花费也很大。克莱芒蒂娜为自己添置新装需要消费，他们的子女，尤其是儿子伦道夫花钱的洒脱程度也不比父母差。

不过，他的两个女婿却让丘吉尔十分满意，一位是大女儿戴安娜的丈夫邓肯·桑迪斯，机智敏捷，胆识过人，后来连续在内阁中担任重要职位。另一位是小女儿玛丽的丈夫克里斯托弗·索姆斯，雷厉风行，办事利索，成了丘吉尔出任首相后的得力助手，后来还被任命为安东尼·艾登内阁的空军大臣。

在野的岁月，丘吉尔的绝大部分时间在恰特韦尔庄园度过。在庄园里，丘吉尔则越来越多地与他的政治追随者们待在一起，他一刻也不会忘记对政事的关心和牵挂。同他来往最为密切的有布伦丹·布雷肯、林德曼教授和邓肯·桑迪斯等人。

已经庆祝过60大寿的丘吉尔惊奇地发现自己虽然年逾花甲，但精力依然充沛，身板还是那样硬朗，似乎正处在如日中天的盛年，离日薄西山的晚年还尚远，对政治生活仍然充满了激情。虽然他暂时还看不见出路，但他心中并不绝望。他曾说道：

"我必须承认我具有一种乐观自信的气质。尽管我看到事情的阴暗面是如此严重，但奇怪的是，当我每天早晨醒来，新的希望与力量又重新凝聚。我强烈地相信，英国人民仍是自己命运的主人。我有一种预感，时间将给予他们弥补以往过错和疏忽的机会。"

5. 洞察世界风云

"天下兴亡，匹夫有责。"丘吉尔在长达数十年的蛰伏岁月里，除了写书绘画外，一直密切关注着国际形势的变化，他以下院议员的身份，参政议政，关注关税改革，关注下院中的关于印度之争，关注纳粹德国的疯狂备战。

他凭着对政治上的特有敏感，为可能爆发的"二战"摇旗呐喊，频频发出预报、警告、呼吁，提出各种对策性的建议，体现出一个伟大政治家的深谋远虑和博大胸襟。

1932年夏天，丘吉尔到马尔巴罗当年作战的地区作学术考察时，十分警觉地发现德国事态的发展演变。他在《二战回忆录》中写道："当我们经过这些美丽的地区，经过一个又一个古代名城的时候，我了解到希特勒的动向。我感受到德国法西斯主义的侵略气氛，发现这是每一个纳粹党人心目中的信仰。"

1933年，德国举行国会选举，纳粹党一跃成为国会第一大党，希特勒出任总理。年底，德国人就不再出席日内瓦裁军会议，退出国际联盟，开始疯狂地扩军备战，提出"要大炮不要黄油"的口号，鼓吹大日耳曼主义和军事复仇主义，肆无忌惮地扩充海军和空军力量。

丘吉尔深深地认识到，虽然目前德国空军力量比英国弱，但发展迅速，大有赶超之势，而且德国的海军更是一天天强大起来。而此时的英国政府却迫于财政危机，在议会还继续实施裁军路线，尤其是武器装备十分落后，还停留在一战时的水平。丘吉尔不免心生担忧，他在对国王的答辩词中说："我们的国防实力，尤其是空军的实力不够充实，不足以保证陛下忠实臣民的和平、安全与自由。"

丘吉尔在发言中断定，"到1936年年底，德国空军将超过我们约50%，到1937年年底它几乎就会增加到我们的一倍。"然而，丘吉尔的这些话还不能引起议会和政府的足够重视。

他明白，英国人还没有摆脱掉一战带来的阴影，他们被战争吓怕了，经济停滞、衰退，从世界头等强国的地位被拉了下来，对德国法西斯的狼子野心只是一味地采取姑息、纵容、屈从、讨好的方针。

1933年在牛津大学的俱乐部的学生中还发生了这样一个小插曲：该团体宣布"绝不为国王和祖国而战"，这无疑更助长了世界法西斯势力的嚣张气焰。在世界人民的眼中，英国已经日薄西山，萎靡不振了。

丘吉尔深信英国将面临一场即将爆发的严重的战争考验，但是他的声音在这样的时空环境里，还是孤立的，微弱的。然而，丘吉尔并没有灰心丧气，在他心目中，没有什么比祖国和人民的安全更重要。

他一直坚持收集有关英德关系和双方军备状况的情报，把恰特韦尔庄园办成了一个"小外交部"。这里的常客身份和地位显赫：有军事科学家林德曼，有军政要员莫顿少校，有外交部的高级官员威格拉姆，还有法国的一些部长和流亡英国的德国政治家。这就是他虽没有在政府中担任任何正式职务，却能正确判断时局发展的奥妙。

他正确地肯定了技术装备在20世纪战争中的决定性作用。一战期间，他设计制造和使用坦克在战争中发挥了巨大的作用。如今在20世纪30年代，他认为加强国防的当务之急是抓空军。英国是一个岛国，海洋是天然的屏障，强大的海军是英国强有力的国防保障。

然而，"现在不能这样说了，可恶的空战方法的发明和改进，从根本上改变了我们的地位。我们已经不是20年前那样的国家了"。

1935年6月，麦克唐纳退休，鲍德温出任联合政府首相。新政府迫于舆论的压力，成立了防控研究委员会，丘吉尔仍没有得到重用，只是任其中的一个委员，拥有批评国防政策的权力。不久，政府在丘吉尔的一再建议下，让林德曼教授参加其中的技术委员会。

在防控研究委员会的日子里，丘吉尔和几位军事科学家共同努力，建成了英国海岸雷达网，为日后的空战发挥了不可估量的作用。

1935年，德国公开撕毁凡尔赛合约。同时，墨索里尼领导下的意大利政府已经公开地与希特勒政府走到一起。1936年德军开进莱茵河非军事区。

此时，亚洲的日本于1931年在中国东北发动了"九·一八"事变，1935年发动"华北事变"，1937年开始了全面的侵华战争。1937年，德、意、日结成法西斯同盟。

法西斯的势力正一天天壮大，战争的爆迫在眉睫，而英国政府却熟视无睹。丘吉尔意识到："第二次世界大战的可怕信号就要出现了"。德国空军的空前扩张，使伦敦随时可能遭受袭击，这让丘吉尔倍感焦虑："我们的宏伟首都，世界最大的攻击目标，就像一头捆绑着肥大而珍贵的母牛引诱着猛兽。"

他大声呼吁，面对气势凌人的法西斯侵略势力，我们如果缺乏危机感，不火速加强国防，将来走上沙场的千千万万英国儿女，必然会"并拢发痛的肩膀前进，迈着沉重的步伐，离开生命的光明旷野"。

丘吉尔在二战前几年中发表的这些讲话，以《英国仍在沉睡》为题结集出版，在英国人民中产生了巨大反响。美国驻伦敦大使指导他23岁的儿子、后来的美国总统约翰·肯尼迪写作毕业论文，就选择丘吉尔的论题展开论述，出版了《为什么英国沉睡不醒》一书，在美国社会引起了震动。

1936年，内阁决定新设国防协调部，需要任命一位协调三军的大臣，虽然丘吉尔是唯一具有陆、海、空军大臣资历的最佳人选，不过好运还是没有降临到他头上。

但是，决不放弃的丘吉尔还是鼓足勇气，冒着被扣上"战争贩子"的罪名，大声疾呼，要求政府面对当前的风暴，建立各种防卫力量，加强与盟邦合作，共同行动，制止法西斯侵略。

"使我们从可悲的错误估计中猛醒过来。我们现在就是这些错误估计的受骗者，如果我们不及时注意这个警告，也许有一天会成为它的牺牲品！"如果要救英国于危难，"必须再一次联合欧洲一切力量来约束、抑制，必要时挫败德国的霸权"。

1937年5月28日，古稀之年的鲍德温退位，接替他的是尼维尔·张伯伦。他是个缺乏远见的政治家，害怕战争，姑息侵略，极力迎合希特勒，奉行臭名昭著的绥靖主义。他妄想把祸水东引，推动德国同苏联交战，让他们两败俱伤。

不过，这只是他的一厢情愿。也正是出于此，他对国内防务不做积极准备，寄希望于希特勒，结果养痈遗患，使英国在战争初期蒙受惨重损失。

丘吉尔主张英、法、苏结成联盟来制止纳粹的进犯，同张伯伦在外交上的绥靖政策存在根本分歧。为了更清楚地认清希特勒的侵略本质，他还认真研读过希特勒的《我的奋斗》一书。他清楚地知道，不能相信希特勒关于德国无意敌视英国的声明。

1938年3月，德国以保护日耳曼人的名义越过边界，瞬间占领了奥地利。捷克斯洛伐克处于纳粹德国的三面包围之中，这样德国就打开了通向捷克斯洛伐克的门户，打通了向西南欧扩张的宽阔道路。

不久，希特勒就授意居住在捷克境内苏台德地区300多万日耳曼族人的头目向捷克斯洛伐克政府要求"自治"，企图占领捷克最主要的工业区苏台德地区。5月，希特勒公开声称支持"苏台德自治"，在捷克边境集结军队，局势顿时紧张起来。

早在德国对世界和平造成严重威胁的情况下，苏联就提出举行会议，希望国际联盟商讨用必要的手段和办法应付时局。法国对此冷淡，英国首相张伯伦此时已"放弃了对捷克斯洛伐克给予保证的念头"，因而在下院中发言拒绝了苏联政府的建议。

正如丘吉尔所说："苏联的建议在英国实际上并未被理睬，没有用这些建议向德国施加压力，以致后来不得不付出高昂的代价。"

美国总统罗斯福对欧洲局势也感到忧心忡忡，他也写信给张伯伦，想就欧洲局势和德国问题举行一次会谈。可是一样遭到张伯伦的回绝，还认为罗斯福小题大做。

8月31日，丘吉尔致函英国外交大臣哈利法克斯勋爵，建议英国尽快联系法国和苏联，向德国发出警告，表示"一致关心捷克斯洛伐克争端的和平解决"，并促使美国通告德国，一意孤行地侵犯捷克，势必引起新的世界大战；同时调动军舰，造成声势，以威慑德国，使其不敢轻举妄动。

丘吉尔说："在战争与屈辱面前，你选择了屈辱；可是屈辱过后，你仍得面对战争！"但张伯伦又一次拒绝了这一主张，并且还说服法国放弃根据条约承担的援捷义务，牺牲捷克斯洛伐克。于是张伯伦在9月13日晚迫不及待地电告希特勒，渴望前往屈尊求见。

9月15日，这个从来没有坐过飞机的69岁老人，不顾丘吉尔等人的劝阻，经长途飞行到达慕尼黑。这回希特勒已不只是要求苏台德区日耳曼人自治，而是要把它并入德国，并以愿为此承担卷入一次世界大战的风险来要挟张伯伦。

张伯伦对战争怕得要命，膝盖发软，回来后就说服法国达拉第政府强迫捷克斯洛伐克就范，认为只有这样才能劝阻希特勒侵略和瓜分捷克。

丘吉尔对张伯伦一味地姑息、软弱、退让深感吃惊。9月21日丘吉尔就捷克危机向新闻界发表声明：

"捷克斯洛伐克在英法两国的压力之下被分割，这无异于西方民主国家向纳粹武力威胁的彻底投降。这种失败不会给英国和法国带来和平或安全。恰恰相反，这将使两个国家的处境更为软弱无力和更为危险。

"仅仅使捷克中立化就意味着德国可以抽出25个师的兵力用来威胁西线；此外，这将为胜利的纳粹打通一条通向黑海的道路。受到威胁的，不单是捷克斯洛伐克，还有一切国家的自由和民主。以为把一个小国投入虎口就可以得到安全，实在是致命的谬见。德国的战争潜力会在短期内迅速增长，其速度将比法国和英国完成必要的防御措施要快得多。"

9月22日，张伯伦带去了已由捷克政府接受的英法建议的细节，再次去德国，满以为可以满足希特勒的胃口。哪知希特勒得寸进尺，又提出德军立即占领苏台德区的要求，并且必须最迟在28日完全实现，否则，他将在10月1日向该地区发动进攻。

张伯伦窘迫无奈，回国立即召开内阁会议，执意要大臣们接受希特勒的无理要求。正如丘吉尔所说："妥协的人是在喂一头鲨鱼，希望它最后一个吃掉自己。"

但这回却遭到海军大臣的坚决反对，外交大臣也提出异议。同时法国政府也拒绝签字。26日，丘吉尔拜会张伯伦，敦促英法苏发表联合公报，"德国如果不顾英国首相的努力，仍对捷克发动进攻，其直接结果必定是法国必然援助捷克，而英国和俄国也必然支持法国。"严正拒绝德国的要求。

28日下午，张伯伦向下院通报情况，演讲中途收到一张便笺，突然整个脸色和身体都变了模样，"看来他仿佛年轻了10岁，露出胜利的喜悦"。他马上宣布说，希特勒同意推迟24小时发动进攻，并邀请他和达拉第、墨索里尼赴慕尼黑会谈。会议大厅里马上爆发出一片欢呼声，并长时间向张伯伦鼓掌致意，只有丘吉尔和艾登等少数人眼里含泪，扼腕叹息。

丘吉尔认为，只有联合欧洲乃至世界上一切爱好和平的国家，建立维护国际安全秩序的"大联盟"组织，以强硬的手段甚至打一场"防御性的战争"，才能制止法西斯独裁者的侵略野心。他一直认为，只要做到了这些，完全可以防患于未然。就是"二战"期间丘吉尔还是持这个观点。

有一次，罗斯福总统与丘吉尔探讨对这次战争应该起个什么名字时，丘吉尔立即说应该叫作"非必然的战争"。丘吉尔认为，只是由于英语民族的"不明智、麻痹大意和好心肠而听任恶人重新武装"，才最终导致了这场不该发生的战争。这一思想，被丘吉尔明确地作为《第二次世界大战回忆录》第一卷《风云紧急》的主题，标识在该书的扉页上。

从战后出版的回忆录和对战犯审讯的记录中，丘吉尔的观点得到了确切证实。

在纽伦堡受审时艾格上校代表捷克斯洛伐克向德国的凯特尔元帅问道："在1938年的时候，如果西方各国肯帮助布拉格，第三帝国会不会进攻捷克斯洛伐克呢？"

凯特尔元帅回答："肯定不会。那时我们在军事上的力量还不够强大。慕尼黑（指签订《慕尼黑协定》）的目的，就是把俄国赶出欧洲，争取时间，完成德国的武装。"

当时的德国军备虽然发展迅速，但与英、法比较并不占优势，在有些方面还差得较远。由于"法国内部腐败和英国缺乏坚决意志"，使希特勒敢于进行战争冒险。

丘吉尔还说："现在我们得知，当时英法两国如果在国际联盟领导下采取坚决的立场，就会立刻迫使他们从莱茵撤退，而无须流一滴血；影响所及，可能使德国军队中较为慎重的人恢复他们应有的地位。而德国那位政治领袖也不会取得这么巨大的威望，使他得寸进尺了。"

1938年9月29日，德、意、英、法首脑背着捷克政府签订《慕尼黑协定》，同意德国占领苏台德地区。捷克政府被自己的"保护神"英法给出卖了，不得不接受《慕尼黑协》定。

奴颜婢膝、恬不知耻的张伯伦，一回到英国，就得意扬扬地挥动着与希特勒签订的协议，向欢呼的群众大肆吹嘘"在我国历史上，这是第二次把光荣的和平从德国带回来。我相信，这是我们这个时代的和平"。究竟是和平，还是灾难，事态的发展将会证明这可悲的一页。

丘吉尔义愤填膺地在议会中对张伯伦德国之行展开抨击："这不是和平！希特勒就像那贪得无厌的强盗，先用手枪对着你，让你交出一英镑。你给了他之后，他又用枪对着你，让你交出两英镑。"

此时的群众和议员被和平的表象迷惑，却咒骂丘吉尔是"战争狂！下去，不许你胡说。"

可是国难当头，民族利益高于一切，丘吉尔振臂高呼："不要认为从此之后就可以高枕无忧，安享和平。纵容法西斯，只能让他们的气焰更加嚣张。你越是怕侵略者，他越向你进攻，只有勇敢地拿起武器，和他们战斗到底，才是解决问题的根本出路，像你们现在这样，不过是厄运的刚刚开始。我们的出路只能是发动全英国的人民行动起来，树立必胜的信念，为保卫自由而战。"

1939年3月，法西斯德国进一步吞并了整个捷克斯洛伐克。德国占领捷克全境后，掌握了欧洲中心地带，与意大利联成南北一片，形成了"战无不胜"的德意军事政治同盟。

4月3日，希特勒制订了侵略波兰的"白色方案"。为入侵波兰制造借口，一批德国党卫军假装成波兰军队袭击位于德波边境的一家德国电视台。

8月31日，希特勒发出了"第一号作战指令"，命令德军"对波兰进攻应按照'白色方案'执行"。9月1日拂晓4点45分，150多万德国大军突破波兰防线，分三路向华沙推进。

因为波兰和英国签订了共同防御条约，于是在9月2日，英国下院进行了一场激烈的辩论，议员们一致要求政府履行对波兰的义务。9月3日中午12时6分，张伯伦迫不得已在下院发出英国对德宣战的命令，并宣布全国进入战争状态。震惊世界的第二次世界大战的爆发，宣告了张伯伦的绥靖政策彻底破产。

第五章　临危受命

1. 临危受命

第二次世界大战的爆发，终于打通了丘吉尔通往政权之路。的确，要求丘吉尔参加内阁的呼声早在德国占领捷克时就已非常迫切。

正统保守党人喉舌《每日电讯报》1939年7月3日在社论中如此评价丘吉尔："一个不仅从长期同国家大事的密切接触中增强了责任心的，而且对战争导致的紧迫问题，尤其是在高级战略方面，拥有无可比拟的实际知识的政治家。"

7月12日，一些知名的自由党人联名写信给张伯伦，要求恢复丘吉尔大臣职务，甚至还有人发起一场四处张贴"丘吉尔必须回到内阁中来"的标语和海报的运动。

迫于群众的压力和战争的威胁，张伯伦让丘吉尔参加内阁，担任海军大臣。战争再一次赋予丘吉尔这位英雄以重任，他又可以为祖国发挥自己的聪明才智了。"我知道，如果战争爆发——谁还能怀疑这一点呢？——副沉重的担子将落在我的肩上。"丘吉尔流露出一个伟大人物的自信。

正如历史学家泰勒所言："是下院把战争强加在动摇不定的英国政府头上的。"

在阔别了24年之后，丘吉尔回到海军部工作，心情十分迫切。刚接受任命，等不及两天后在王宫举行的阁员大臣向国王行吻手礼，当天下午6点就到海军部上任处理事务。"温斯顿回来了！"电讯很快传遍全球四大洋的英国舰队。

9月11日，丘吉尔收到美国总统罗斯福以个人名义写来的信。丘吉尔与罗斯福在一战中曾有过一面之缘，那时罗斯福作为海军助理部长，他的年富力强和仪表堂堂都给丘吉尔留下深刻的印象；而罗斯福对丘吉尔的印象却更为深刻，说他生机勃勃，像一部发电机。

此刻罗斯福预感到英国政治的未来是属于丘吉尔的，他在信中热情洋溢地说："因为您我都在上次世界大战中担任类似的职务，所以我要您相信，您重返海军部，我是多么愉快……我希望您和首相了解，如果你们有什么事要告诉我，我随时欢迎你们和我直接联系。您无论何时都可以把封好的信，通过你们的外交邮袋和我的外交邮袋寄给我。"

丘吉尔知道美国总统以这种方式表示的关心，是对他政治上的最大支持，他立刻署名"前海军人员"给罗斯福回了信。此后直至1945年春罗斯福逝世，两人之间结下了深厚的友情，交往从未间断过，双方来往信件就达千份之多。

为了工作方便，丘吉尔直接住到海军部。到海军部的第二天就来到斯卡泊湾视察舰队，站在码头上看着一艘艘熟悉的军舰，丘吉尔不无感慨地说："20多年了，可是这些战舰，绝大部分都还是我原来任海军大臣时建造的，没有一艘新的。"更令丘吉尔揪心的是到目前为止海军部还没有一点战前准备的迹象。

此时又传来一个令丘吉尔十分沮丧的消息："几艘英国客轮被德国鱼雷击沉，'无畏号'航空母舰被德国潜水艇击沉，停泊在英国港湾中的'皇家橡树号'主力舰被德国飞机炸沉。"

为了重塑海军的形象，鼓舞士气，海军部组织了一支由航空母舰和战列舰组成的舰队，搜索在太平洋上袭击商船的德国战舰。一艘名叫"施佩伯爵号"的德国小型战舰在12月13日被搜索队追踪。面对英国主力舰队的强大攻势，德国"施佩伯爵号"被迫自沉，船长也自杀了。这一胜利立即在英国国内引起了强烈的反响，人们顿时对丘吉尔领导下的海军信心倍增。

英、法的"静坐战争",引起了全世界人民的惊讶,有人把欧洲这个阶段的战争称为"奇怪的战争"、"晦暗不明的战争"。这段时间英法政府只是宣而不战,袖手旁观,不去援助波兰,实际上还是慕尼黑政策在新条件下的继续。

直到1940年4月,英国在挪威战役中付出沉重代价仍令人失望地失败后,在国内"引起了深刻的骚动"。下院议员们在1940年5月对张伯伦政府提出不信任动议案,将矛头指向张伯伦。

此外工党也向张伯伦施压,十分明确地向他表明,工党将不会再支持由张伯伦或其亲信所领导的内阁。

5月8日,张伯伦政府仅以81票的多数获得信任案,但是张伯伦感到他无法继续执政,因此准备组建联合政府,并让出首相位置。

5月10日上午11时,张伯伦把丘吉尔、哈利法克斯等人召到首相官邸,协商新首相的人选。张伯伦原本想让外交大臣、绥靖政策的积极贯彻者哈利法克斯勋爵接任首相。在推荐前他问了丘吉尔一个关键性的问题:是否同意参加哈利法克斯领导的政府?能言善辩的丘吉尔这时却一言不发。

哈利法克斯懂得,沉默就是反对。哈利法克斯借口他身为贵族担任首相有所不便而推辞,实际上他心里明白,得不到丘吉尔的支持,组织联合政府也是不可能的。

于是张伯伦只得向国王提出辞呈,并建议由丘吉尔组阁。泰勒写道:"所有这些人都在丘吉尔的掌握之中,一旦他拒绝进入政府,这些人就会被愤怒的群众风暴所埋葬。"

《泰晤士报》写道:"时间造就了'不朽的时势艺术',从近年来的政治史看,再也没有比预先对各类事件做出的估计更不可靠的了。"丘吉尔的老朋友、也曾反对过他的艾默里写道:"丘吉尔是大家一致认为永远不能成为首相的人,可是他同样也是在这危急关头获得大家一致欢迎，认为是唯一可能出任领袖的人。"

后来，他回忆1940年5月10日他"被授予主持国政大权"的心情时写道："在这场政治危机的最后的多事之秋，我在大约三点钟上床时，强烈地感到自己如释重负。我终于获得指挥全局的大权了。我觉得我是幸运的人，我以往的全部生活不过是为了这个时刻，为了承担这种考验而进行的一种准备罢了。"

丘吉尔始终认为，他命中注定要高居众人之上。他在国家最困难的时候当上了英国首相，并对自己所处的独特地位充满信心。他写道："我想我对全局了如指掌，深信自己不会失败。因此，虽然我迫切地盼望天明，但我却睡得很熟，而且不必在梦中寻求安慰，因为现实比梦想更加美妙。"

5月10日下午6时，国王召见丘吉尔，令其组阁。一小时后丘吉尔会见工党领袖艾德礼，邀请工党加入内阁并获得支持。

丘吉尔还力排众议邀请张伯伦任枢密院院长。他说："如果纠缠过去和现在，我们将失去未来。"这种宽容、豁达的态度和实际行动，不仅反映他的气度、性格上的某些优点，也应视为一个深谋远虑的政治家素质的一种表现，因为在大敌当前的时候，唯有取得有效的权威和团结尽可能多的盟友，获得最大限度的支持，才能克敌制胜。

与此同时，丘吉尔兼任国防大臣，还兼任国防委员会主席。这样丘吉尔就掌握了最高军事指挥权，成了英国战时名副其实的三军统帅。

5月13日，下院召开特别会议，对新政府举行信任投票。会上，丘吉尔发表了一篇金声玉振激动人心的讲话。他说：

"我没有别的，我只有热血、辛劳、眼泪和汗水贡献给大家。

"你们问：我们的政策是什么？我要说：我们的政策就是用上帝所给予我们的全部能力和全部力量在海上、陆地上和空中进行战争；同一个在人类黑暗悲惨的罪恶史上所从来没有见过的穷凶极恶的暴政进行战争。这就是我们的政策。

"你们问：我们的目的是什么？我可以用一个词来答复：胜利——不惜一切代价，去赢得胜利；无论多么可怕，也要赢得胜利，无论道路多么遥远和艰难，也要赢得胜利。因为没有胜利，就不能生存。大家都要认识到：没有胜利就没有大英帝国的存在，就没有大英帝国所代表的一切，就没有促使人类朝着目标前进的那种时代要求和动力。我满怀兴奋和希望，担负起我的工作。

"我深信，人们不会让我们的事业遭到失败。在这个时候，我觉得我有权力要求大家的支持。起来，让我们把力量团结起来，共同前进！"

丘吉尔用他那含血挟泪的精彩演讲，为英国人民乃至全人类的血管重新注入了沸腾的热血。讲话一结束，会场上便响起雷鸣般的掌声。下院最终以381票对0票的绝对优势表明了对丘吉尔政府的支持。从此，全国人民空前团结，热情奋发，经受着艰苦抗战的历史考验。

面对如此狷獗的法西斯，丘吉尔已预感到法国最终将会一败涂地，英国不久就将面临一场恶战。正如他自己所说的："那渐渐聚集、郁积已久的狂风暴雨，现在终于向我们猛烈袭来了。"

因此，在5月15日下午丘吉尔向罗斯福总统发了一封紧急求援的电报。署名仍用的是"前海军人员"。电报说：

"我虽然变换了职务，但我相信你不愿意中断我们之间的密切的私人通信。正如你必然知道的那样，局势已迅速地恶化了。"丘吉尔在电报中提出，希望美国借用"40或50艘较旧驱逐舰，以弥补我们现有舰只和我们从战争开始时就着手建造的大批新舰艇服役之前的差缺"。

此外，他希望美国提供数百架最新式作战飞机以及一批急需的防空设备、弹药和钢材。丘吉尔还说："只要我们还能付美元，就继续用美元购买；但是我有理由深信：即便我们付不出钱，你也会照样把物资供给我们的。"

5月18日，丘吉尔收到罗斯福回电，复电中罗斯福说：对我们继续私人通信表示欢迎。但是借用或赠予四五十艘较旧的驱逐舰，需要国会授权，尚不能办理外，其他要求我们都愿意鼎力相助。双方还决定互派军事代表团，以便进一步加强联系与合作。

上任后丘吉尔首先访问法国，他惊讶地得知法国即将投降，但是他向法国领导人表明，即使法国被打败了，英国仍将继续战斗。

此时，法国沿海的许多港口都已落入德军手中或处在德军炮火的射程之内，约有40万英法盟军被迫收缩在敦刻尔克周围的一小块袋形地区，前有大海，后有追兵，处在生死存亡的关键时刻。

但奇怪的是，在5月24日，希特勒却错误地发出了要坦克部队停留在运河一线，停止向前推进的命令。这样给束手待毙的盟军获得了一个意外的重要的喘息机会，为英军撤出敦刻尔克赢得了最宝贵的时间。

5月26日晚上7时许，英国海军部根据丘吉尔的指示，发出开始执行代号为"发电机计划"的敦刻尔克大撤退的通知。被围的英法盟军已经得到加强防务的时间，一边抵御，一边开始偷偷地渡过海峡。据统计，头四天总共撤退了131606人；5月27日，7669人；28日，17804人；29日，47310人；30日，58823人。

希特勒和他的将领们，做梦也没想到竟然让这30多万有生力量从自己的怀抱中逃走。绝处逢生的英法联军紧急征用943艘舰船，在皇家空军的掩护下，将338226名溃不成军的英法士兵撤至英国，救援工作一直持续到6月4日，敌人正式攻占敦刻尔克才停止，未来得及撤退的4万法国士兵被俘虏。这就是历史上有名的"敦刻尔克大撤退"。

在指挥援救敦刻尔克盟军这一震惊世界的英勇救援活动中，丘吉尔全神贯注，昼夜不眠。为了鼓舞大家的斗志，丘吉尔向政府官员们发出通令说：

"在这黑暗的日子里，如果政府中所有的同僚以及重要官员能在他们的周围保持高昂的士气，首相将不胜感激；这不是说要缩小事态的严重性，而是要我们对我们的能力表示信心，我们有坚定不移的决心继续作战，直到把敌人企图统治整个欧洲的野心彻底粉碎为止。"

6月4日，丘吉尔在下院通报了敦刻尔克撤退取得的巨大成功。他认为，"敦刻尔克海滩的战斗经过，将彪炳在我们所有的史册中"。

但是他也提醒人们："我们必须非常慎重，不要把这次援救说成是胜利。战争不是靠撤退打赢的。"

随即他又给予了肯定："这次援救中却蕴藏着胜利，这一点我们应当注意到。这个胜利是靠空军获得的……我们所有各种型号的飞机……和我们所有的飞行人员都证明比他们现在面临的敌人要优越。"

最后他发表了这篇演说中最为精彩、最震撼人心也流传最广的著名战斗宣言：

"欧洲大片的土地和许多古老著名的国家，即使已经陷入或可能陷入秘密警察和纳粹统治的种种罪恶机关的魔掌，我们也毫不动摇，毫不气馁。我们将战斗到底！

"我们将在法国作战，我们将在海上和大洋中作战，我们将具有愈来愈大的信心和愈来愈强的力量在空中作战；我们将不惜任何代价防卫本土，我们将在海滩上作战，我们将在敌人登陆的地点作战，我们将在田野和街头作战，我们将在山区作战；我们决不投降！我们将战斗到底！

"即便我们这个岛屿或这个岛屿的大部分被征服并陷于饥饿之中——我从来不相信会发生这种情况——我们在海外的帝国臣民，在英国舰队的武装和保护之下也将继续战斗，直到新世界在上帝认为是适当的时候，拿出它所有的一切力量，来拯救和解放这个旧世界。"

　　6月13日丘吉尔第五次也是最后一次以首相身份访问法国，他希望游说法国政府继续作战，但是很明显法国政府已经决定投降。法国政府已把巴黎作为"不设防城市"，德军兵不血刃就占领了巴黎。

　　6月22日，法国与德国签订了丧权辱国的停战协定。该协定把法国瓜分为两部分：南部由贝当傀儡政府统治；北部是德国占领区，占领费由法国负担。该协定还要求法军应全部解除武装，重武器交给德国所有。

　　法国贝当政府投降后，主战派、国防副部长戴高乐将军飞往伦敦，继续带领法国人民同侵略者做不屈不挠的斗争。

　　6月23日，丘吉尔在下院发表了又一篇鼓舞斗志的讲话：

　　"法兰西之战已告结束。不列颠之战就要开始……因此让我们勇敢地承担起我们的责任，而且我们应当鞠躬尽瘁，死而后已，以便在英帝国和其联邦在1000年之后，人们也可以这样说，'这是他们最光辉的时刻'。"

2. 不列颠之战

　　在法国沦陷后，希特勒大量集结军队，并对部队进行整编，补充兵员和装备，随时准备对英国发动进攻。意大利墨索里尼也准备派陆军和海军直接参加这场战争。因为英国在整个欧洲的地位太重要了，德国攻下英国就相当于把除苏联之外的欧洲拿在手中，所以攻占英国在整个战争的局势中起着至关重要的作用。

当时英国在敦刻尔克大撤退中扔弃了大量的军火，几乎没有任何反坦克炮和反坦克弹药，坦克不到450辆，野炮也不足500门。

不过令人庆幸的是，这时候领导英国人民的领袖是丘吉尔，他那坚定执着、永不言败的个性将英国民众的勇气调动了起来。全国军民团结一心、镇定自若，奋力备战，蔑视不可一世的纳粹战争机器，随时准备痛击来犯之敌，决心同德国法西斯决一死战。

丘吉尔曾写道："在法国被击败之后，英国凭借岛屿多的有利地势，从失败的痛苦和致命的威胁中产生出一种不亚于德国的民族果敢精神。"

丘吉尔是陆军军官出身，又研究过马尔巴罗时代至20世纪欧陆重大战役，还两次任过海军大臣。此刻，丘吉尔清醒地认识到空军的地位和作用在战争中日益壮大，称之为"现代战争中的骑兵"。

因此，他克服重重困难，在空军部专门建立一个飞机生产部，由他的朋友、报业大王比弗布鲁克出任该部大臣，他在飞机生产方面做出了突出贡献："喷火式"和"旋风式"战斗机从大撤退时331架增加到620架，后备飞机从36架增加到289架。

第二年，每月产量不少于1000架，而且还设计和生产了自动轰炸瞄准器、低空无线电定向装置和空中截击机。他的工作成绩超过了第一次世界大战后期当军需大臣的丘吉尔。

丘吉尔善于网罗各种专业技术人才，并充分调动他们的积极性，发挥他们的聪明才智。同时，丘吉尔还尽量为他们创造良好的工作环境，提供最优质的服务。

当时年轻的杰弗里正在研究一种可以从窗口投掷、粘在坦克上爆炸的炸弹。丘吉尔建议他再研究可以用于反坦克枪或普通来复枪发射的投射弹。他叮嘱国防部督办此事，并三天向他报告一次。他希望坦克专家霍巴特充分发挥其才能，当参谋总长批评霍巴特性情古怪时，他为之辩护说："你不能指望天才具有一种常规的作风。"

7月，罗斯福总统不顾许多人的强烈反对，给英国运来了50万支步枪，8万挺机枪，1.3亿发子弹，900门大炮，100万发炮弹以及炸弹、烈性炸药和无烟火药。

丘吉尔立即指示用"有计划的军事行动"组织分运，并立即发放给国民自卫军。在丘吉尔的号召下，英国人民全部被动员起来了，现在又有了武器弹药，更感觉自己不可战胜。

丘吉尔十分明白，这次战争是持久的、残酷的，他除了加紧组建和整编正规军外，还号召全国人民都武装起来，保家卫国，全国很快就组建起100万国民自卫军。这些国民自卫军平时在工厂里的车床和机器旁加班加点，辛勤劳动；打仗时便手持武器保卫近千年来未遭侵略的国土，男男女女都觉得为保卫祖国而战是无比荣耀的。

有一次丘吉尔视察一个船坞，工人家属聚集在大门口热情地欢迎他，丘吉尔深受感动，高声问道："我们消沉了没有？"妇女们大声回答说："没有！"

听到这些话，丘吉尔激动得说不出话来。为了表达心情，他高高举起双手，用食指和中指摆出英文字母"V"的形状，说了一句："胜利一定属于我们！"一直到今天，全世界的人们都习惯用"V"字手势象征胜利。

丘吉尔不屈不挠的英雄气概和临危不惧的大将风度，深深地感染了英国人民，人们发自内心地说："丘吉尔是我们胜利的法宝。""丘吉尔是胜利的象征。"

德国人对英国的第一次猛烈空袭是从7月10日开始的，人们通常把这一天作为空战开始的日子。7月16日，希特勒准备实行进攻英国的"海狮计划"，命令准备工作应在8月中旬完成，其作战目的是"清除英国本土作为对德作战的基地，并且在必要时，全部予以占领"。

希特勒的计划是，用4个星期摧毁英国空军，掌握英吉利海峡上空的制空权，为德军登陆扫清障碍。然后于9月中旬实施登陆作战，9月底以前占领英国南部，10月初结束战斗，在伦敦举行胜利大会师。

与此同时，希特勒也没有忘记玩弄和解的老把戏。7月19日，他在国会的讲话中提出了所谓的"和平建议"，并命令德国驻美代办寻求与英国驻美大使接触。希特勒的讲话明显是在动摇英国民众的军心，为了稳固军心，丘吉尔当即发表声明：

"首相希望大家了解，德国进攻的可能性绝没有完结。德国人正在散布谣言，对于他们所说的话，我们历来表示怀疑，此时此刻对于这个谣言就更该加倍怀疑了。我们绝不可能因此放松丝毫警惕，有所松弛。"

在诱和试探失败后，德军加强了空袭的力度。第一阶段从7月10日到8月18日，对英国护航舰队和南部港口进行轰炸，并引出英国空军，试图把它消耗光，从而取得制空权；这是渡海登陆的先决条件。

初步交锋的结果是：英国有4艘驱逐舰和18艘商船被击沉，丧失了148架飞机，而德国空军有296架飞机被击落，135架飞机受伤。从此以后，没有性能优良的战斗机护航，德国飞机再也不敢进行白天轰炸了。在遭受这次挫折的同时，戈林放弃了对遭到巨大损失的英国雷达站的攻击；这被认为是一个战术上的错误。

8月24日开始的第二阶段中，德国空军首先打算摧毁英国空军的地面通讯指挥中心扇形站。从8月24日到9月6日期间，德国空军平均每天出动1000多架飞机，使英国南部的5个前沿机场遭到严重破坏，7个扇形站中的6个濒临被摧毁的边缘；446架飞机被击落或受伤；103名飞行员遇难，128名飞行员受重伤，占当时全部飞行员的1/4。丘吉尔为此"感到十分焦虑"。

就在英国空军遭受严重损失难以支撑局面的关键时刻，戈林犯了第二个也是更严重的战术错误，9月7日，德国空军转而大规模夜袭伦敦。这是世界历史上第一次大空战的一个重大转折点。英国空军得以缓过气来，这将给希特勒和戈林带来严重的后果。

9月15日，德国空军集中了最大力量对伦敦进行空袭。200多架轰炸机和3倍于此的战斗机群飞向伦敦。英国空军也全力以赴地迎击，双方展开了激烈交锋。这一天是不列颠之战的转折点，被丘吉尔称作"不列颠之战最关键的一天"。

当晚他的私人秘书约翰·马丁报告说，这天"一共击落了德军183架飞机，而我军损失还不到40架。"

后来丘吉尔曾写道："最突出的是，我们的战斗机驾驶员们始终保持着不屈不挠的最大的毅力和勇气。不列颠得救了。所以我在下院这样说：'在人类战争的领域里，从来没有过这么少的人对这么多的人做过这么大的贡献。'"丘吉尔的这句话后来曾反复播出，广为流传。

作为报复，丘吉尔也派出81架皇家空军的飞机轰炸了德国首都柏林。由于距离较远，轰炸柏林的规模较小，德国人的伤亡和损失都不算重，但对德军士气和老百姓心理的影响则是极大的。

为了鼓舞军民的士气和斗志，丘吉尔经常赶到轰炸现场，慰问伤亡惨重的群众，受到了群众发自内心的热情欢迎。陪同丘吉尔视察的伊斯梅将军记述道：

"他们哭喊道：'好心的老温尼（丘吉尔昵称），我们想，你是会来看我们的。我们能够经受得住，给他们狠狠地回击。'丘吉尔失声痛哭。当我使劲让他穿过人群时，我听到一位老年妇女说，'你看，他真关心我们，他在哭呢！'丘吉尔说：'我这不是悲哀的眼泪，而是赞叹和钦佩的眼泪。'"

从9月7日到11月3日，德军对伦敦不间断的轰炸持续了57天，平均每晚有200架德国轰炸机在伦敦上空狂轰滥炸。

城市夜空火光通明，地面到处是炸弹坑和瓦砾片，耳畔经常响起飞机的隆隆声、警报的呜呜声和弹片落在屋顶的清脆响声。英国共损失飞机500多架，1000多名驾驶员伤亡1/4，每晚仅高射炮炮弹就消耗200万美元。这个世界上最大的城市在经受着最为严峻的考验。

大街小巷张贴着丘吉尔的名言："让我们投身报国吧，我们要参加战斗，参加工作，每个人要站在自己的岗位上。"

工厂继续生产，商店照常营业，市中心的特拉法加广场里，军乐队不时地举行音乐会，演奏着英勇不屈、战斗到底的伦敦精神。

当英国议会和首相官邸被炸时，丘吉尔依然谈笑风生，面无惧色。任你德国法西斯轰炸多么惨烈，他都不会屈服退让，誓死与法西斯斗争到底。

艾森豪威尔在第二次世界大战回忆录中，对丘吉尔作了中肯的评价："他是一位很有威望的领袖。他具有英国人在困难时所表现的勇敢而坚定，在顺利时所表现的因循守旧的典型性格。"

德国人想要摧毁英国空中力量和粉碎伦敦人斗志这两个目的都没有达到，希特勒入侵英伦三岛的计划彻底破产。

9月19日，希特勒决定无限期地推迟"海狮计划"；10月12日正式宣布把入侵推迟到第二年春天；1941年7月，希特勒再次把入侵行动推迟到1942年春天。到了1942年2月13日，在雷德尔海军上将的劝告下，希特勒终于同意将"海狮计划"完全"搁置下来"。"海狮计划"就这样完蛋了。

英勇顽强的英国人民在丘吉尔的领导下，表现出热爱祖国、乐观镇定、临危不惧、誓死抵抗的大无畏精神，终于取得了"不列颠之战"的胜利，守卫了自己的家园。

3. 世界反法西斯联盟

丘吉尔成功地领导了英国人民抗击法西斯德国的斗争，在全国军民心目中树立了崇高的威望，他在英国乃至世界人民心中已成为英勇不屈的斗争精神的集中象征。《星期日泰晤士报》评论说："今天，温斯顿·丘吉尔不仅是英国精神的化身，而且是我们的坚强领袖。不仅英国人，整个自由世界都对他无比信任。"

面对猖獗的德国潜水艇和轰炸机给英国舰船造成的巨大损失，英国迫切需要驱逐舰才能渡过战争难关。在不列颠之战的进程中，丘吉尔曾为争取获得美国的援助做了大量工作。早在5月中旬他刚当首相时，他就曾要求美国提供四五十艘旧驱逐舰用以急需。6月，他也发出过同样的电报。

7月底，他又致电罗斯福说："总统先生，我怀着崇高的敬意向您说明，在漫长的世界历史上，这是目前当务之急的一件事。"

但是，根据美国有关法案，除非美国海军当局证明这些旧驱逐舰对美国防务毫无价值，否则就不得将它们送交英国。而就在此前不久，美国海军作战部长还在国会作证时说到这些舰只还有潜在价值。

8月，丘吉尔想出了一个办法，将英国在纽芬兰和西印度群岛的八处海军基地租借给美国使用99年，来换取美国供给英国50艘旧驱逐舰。

这样做有丧权辱国之嫌，为了在政府和议会中获得通过，丘吉尔把这一笔交易提升到体现和保持"英语世界的永久的共同利益"的高度来评价，并认为这样做实际上已使美国从中立国转为非交战国，为推动美国参战取得了重大进展。而罗斯福则竭力使美国国会相信，用陈旧的驱逐舰换取美国东海岸的安全保障，乃是很赚钱的生意。

不久，这50艘旧驱逐舰就驶往英国，装上潜艇探测器，编入现役，在海战中发挥了重要作用。

11月6日，罗斯福当选，连任美国总统。丘吉尔欣喜若狂，立即致电祝贺。12月8日，罗斯福在加勒比海游弋，巡视英国租给美国的基地时，收到丘吉尔发来的一封寻求财政援助的长信。这是丘吉尔在第二次世界大战时期写的最重要的信件之一。信中说：

"我国无力为运输费用和各种军需物资偿付现金的时刻即将来临。我们愿意尽力而为，不惜做出任何牺牲，为我们购买的东西付款。

"可是如果在这场斗争达到高潮之际，大不列颠却需被迫变卖一切可以变换的资产，从而等到用我们的鲜血赢得了胜利之后，文明固然得到了拯救，美国固然赢得了时间得以充分武装来防止任何不测事件，然而我们却被剥得周身精光，赤条条地站着，那么，这种状况是不符合我们两国中任何一国的道义原则和经济利益的。这一点，我相信您会同意。"

丘吉尔在谈到了国际形势和英国的财政现状后，并告知罗斯福总统，英国已经面临无法支付从美国购买产品贷款的窘境。最后丘吉尔热切地寄予期望："我们深信，你们是一定能够找到将来为大西洋两岸子孙后代赞扬的途径和方法来的。"

这种坦诚和不卑不亢的态度，赢得了罗斯福的尊重，丘吉尔深知，最好的说服办法就是直言相告。

这封长信交到罗斯福总统手里，一时间罗斯福不知道怎样让国会通过协助英国的作战决定。在孤立主义势力依然强大的美国，如何说服国会听从他的指导，他绞尽脑汁，默默沉思，还是没有想到什么好办法。

后来，美国财政部总顾问从1892年的一份法规中发现一项规定：陆军部长"在他职权范围之内，出于维护公众利益"，可以租借陆军财产。罗斯福一下子就从中找到了"租借"这个概念的法律依据，终于提出"租借法案"这一重大措施，并说服国会和人民。

他以拿自己的水龙头帮邻居救火的假设，形象地说明了"租借"的实质："现在我怎么办呢？在救火以前，我不会对他说，'邻居，我这条浇水用的水龙带值15美元，你得给我15美元才能用。'不能这样做！那怎么办呢？我不要这15美元——在把火扑灭之后，我把水龙带拿回来就是了。"

此后经过了两个多月的"美国历史上最激烈的辩论"，大多数美国人都赞同了罗斯福的想法。1941年3月，美国国会通过了"租借法案"，首次拨款即达70亿美元。

丘吉尔认识到，"租借法案"一经美国国会通过，马上就将使整个局面得到改观。"它使我们能够通过协定而无拘无束地为我们一切的需要制订包罗万象的长期计划。没有规定偿付的条款。甚至连以美元或英镑计算的正式账目也没有。"

12月30日，罗斯福又发表了著名的"炉边谈话"。他指出："危险就在眼前，我们必须防患于未然。但是我们深知，我们不能爬上床去，用以被蒙头的办法逃避危险……如果大不列颠一旦崩溃，所有我们整个美洲的人即将生活在枪口之下，枪膛里装满一触即发的子弹，经济的和军事的子弹都有。我们必须竭尽全力就我们所能支配的人力和物力，生产武器和舰只。"

最后，他推出一个广为传诵的著名论断："我们必须成为民主国家的大兵工厂。"

从此英美之间的关系进入了一个更为密切的新阶段。而这一局面的形成，是与丘吉尔以政治家的深邃远见和外交家的巧妙手腕并经过多方面坚持不懈的努力难以分开的。

"海狮计划"破产后，希特勒决定把闪电战的矛头指向苏联，等扫平苏联后再回头收拾英国。

1941年6月15日，丘吉尔致电罗斯福总统："根据我能从各方面获得的消息，德国即将大举进攻苏联。"并且在电报中还声明："如果这场新战争爆发，我们当然要遵循希特勒乃是我们必须击败的敌人这项原则，给予苏联人以最大的鼓励和我们能够提供的任何援助。"

罗斯福通过美国大使怀南特口头答复说，如果德国进攻苏联，他会立即公开支持"首相可能就欢迎苏联成为同盟国而发表的任何声明"。

作为丘吉尔这样一个英国头号反共人物，怎么会伸手援助苏联呢？他的私人秘书科尔维尔问他这一问题，丘吉尔的回答是："完全不是这样。我只有一个目的，就是打倒希特勒，我的一生这样一来就变得简单多了。如果希特勒攻打地狱，我至少也会在下院为魔鬼说几句好话。"

不过在国难当头的时候，丘吉尔确实是以国家利益为重，正如他所说："没有永远的敌人，也没有永远的朋友，永恒不变的是国家的利益。"

6月22日凌晨，德国撕毁苏德互不侵犯条约，大举进犯苏联。丘吉尔闻讯，如释重负，如获至宝，因为德军东线作战不但减轻西线对英国的压力，而且世界性反法西斯的力量联盟更加团结壮大起来，让人们看到了胜利的曙光。

丘吉尔通知英国广播公司，当晚9时向全国发表广播演说。这一整天他都准备讲稿。他在广播中说：

"希特勒进攻苏联，只不过是企图进攻不列颠诸岛的前奏……苏联的危难就是我们的危难，也是美国的危难，正如苏联人为保卫家乡而战的事业，是世界各地的自由人民和自由民族的事业一样。让人们加倍努力，只要一息尚存，力量还在，就齐心协力打击敌人吧。"

同时，他也坦诚地说："在过去的25年中，没有一个人像我这样始终一贯地反对共产主义。我并不想收回我说过的话。"但是，面对威胁整个人类的共同敌人法西斯，"我们大英帝国只有一个目的，那就是决心消灭希特勒和纳粹制度的一切痕迹。我们要给苏联和苏联人一切可能的援助"。

7月12日，英国和苏联两国政府签订了《在对德战争中一致行动的协定》，协定规定双方相互给予一切形式的援助和支持，双方均不同德国进行谈判，更不单方面同德国媾和。

9月，英美军需供应会议在伦敦召开；英国同意将美国原定提供给英国的各种军用物资转拨给苏联。丘吉尔在处理对苏关系问题上，表现出了一个杰出政治家的巨大勇气和高度灵活性。

他从自己国家的根本利益出发，完成了英国政治和他个人政务活动的一个历史性转折。他的活动超越意识形态的分歧和社会制度的差异，摒弃前嫌，求同存异，对建立国际反法西斯联盟功不可没。

著名的英国工党政治评论家迈克尔·富特评论说："1941年6月22日以前，英国的胜利是梦想，而在这一天之后，英国的胜利已在预计之中。"

日本为配合德国法西斯军队的进攻，于7月2日确立了南进政策。7月底，日本已完成对印度的军事占领。

美国政府对日本的行动立即做出了强烈反应。罗斯福总统还致电要求日本政府应使印度中立化。英国和荷兰政府也立即对罗斯福的这一决议作出了反应，宣布对日本实行制裁，切断石油供应。

1941年12月7日清晨，震惊世界的珍珠港事件爆发了。日本海军出动6艘航空母舰，载有400多架飞机，对美国檀香山的海军基地珍珠港发动了凶猛的突然袭击。这次打击使美国海军太平洋舰队有188架飞机被炸毁，159架飞机严重损坏，18艘军舰被击沉或遭到重创。美国海军官兵死亡2403人，失踪和受伤2233人。

这一事件使一直处于独立的美国上下受到极大的震惊，美国人民做梦也没想到战争真的会打到他们的头上，随即美国对日宣战。12月8日英国也对日宣战。

从此以后，美国与英国坐在一条船上了。他想起30多年前格雷对他讲过的话："美国好像是一只巨大的锅炉，一旦在它下面生起火来，它就能够产生无穷的力量。"丘吉尔增强了胜利的信心，"睡了一个得到拯救而心怀感激的人所睡的觉"。

12月8日下午，他向议会发表演说称，"我们这边至少拥有地球上4/5的人口，在过去，我们有过一道闪烁的光；在目前，我们有了一道发着火焰的光；在将来，就会有一道照耀全部陆地和海洋的光。"

为了把联合对敌斗争的力量凝结成一个整体，防止美国把全部力量投入到太平洋战争，从而忽略援英、援苏方面所承担的义务，丘吉尔提出与罗斯福再次会晤。12月22日，丘吉尔抵达华盛顿，下榻白宫，当晚就开始进行了一系列的会谈，直到1942年1月14日结束。

会谈期间，丘吉尔和罗斯福相处得非常融洽。他们总是一起共进午餐和晚餐，罗斯福每次都亲自配好餐前饮用的鸡尾酒，丘吉尔常常为罗斯福推着轮椅。

圣诞节那天，他们同赴教堂，同唱赞美诗。节后，丘吉尔又向美国国会发表讲话，表达他坚定不移的希望和信念：在未来岁月中，英美两国人民"将会庄严、正直与和平地并肩前进"。

这次会谈的最重要成果，是1942年元旦由美、英、苏、中四国代表签署的《联合国家宣言》。这天清晨，罗斯福乘坐轮椅来到丘吉尔房间，就宣言的文本进行最后的讨论，并说他昨夜想出了用"联合国家"这个名称代替"协约国"，代表联合起来的反法西斯各国，丘吉尔称赞这个修改太妙了。

宣言表示赞同大西洋宪章的原则，战后成立保卫世界和平的联合国组织，号召进行共同斗争的各国加强军事和经济合作，随后有22个国家签字加入这个宣言。

《联合国家宣言》的签署，标志着世界性的反法西斯统一战线的形成，同时，也为联合国组织的建立奠定了基础。

如今有了苏联和美国两个强大国家的支持，英国终于可以松一口气了。丘吉尔在回忆录中这样写道："人人都欣慰地看到，作为一个国家，一个帝国，我们的生命不再有什么危险了。"但对于在欧洲开辟第二战场，丘吉尔却一直采取消极的拖延态度。

1942年4月，苏联取得了莫斯科会战胜利，初步稳定了战局，粉碎了德国"闪电战"的企图。5月间，苏联外交部部长莫洛托夫来到伦敦讨论开辟第二战场问题。丘吉尔曾经毫不掩饰地说过："我希望看到德军葬身于坟墓之中，又希望看到俄国躺在手术台上"。不过这时他自然要隐瞒这种让苏德两败俱伤的心愿，再次以种种借口进行敷衍。

莫洛托夫前往华盛顿，希望罗斯福就1942年能否开辟第二战场一事给予直截了当的答复，罗斯福说已做好开辟第二战场的准备。丘吉尔却一再提醒美国总统："我们千万不要忘记进攻法属北非的'火炬'计划！"丘吉尔固执地坚持今年只攻打法属北非，罗斯福只好让步，把开辟第二战场的时间推迟到1943年。

4. "火炬"计划

1942年7月，丘吉尔和罗斯福进行了单独会谈。在丘吉尔的鼓动下，他们决定1942年不先在欧洲登陆，而是先在非洲登陆，实施"火炬"计划。这项决议在原则上背弃了他们对苏联承担的约定：1942年在欧洲开辟第二战场以缓解苏联的压力。英国的所有官员都对此怀有不安情绪，他们担心苏联会因英国的背信弃义而单方面同德国和谈。

于是，7月30日，丘吉尔连同美国代表哈里曼乘坐飞机飞往莫斯科，亲自向苏联政府通报上述决定，因为这样做不仅是为了英美与苏联的团结，更是为了联合打败法西斯轴心国。

丘吉尔第一次会见了斯大林这位政治家，非常钦佩他的深谋远虑的战略家气概。这个说服的任务完成得极不容易，因为苏联正处在危机之中，一旦因为推迟在欧洲登陆的计划，而导致苏联战争陷入被动局面，后果将不堪设想。

丘吉尔展示了一个伟大的演说家的才华，终于将斯大林这个共产主义领袖说服，同意英美在北非实施"火炬"登陆计划，将开辟欧洲第二战场的时间推迟到1943年。

随即苏英两国发表了联合公告："……对于这场正义的解放战争，两国政府决心全力以赴，直至希特勒主义和任何类似的暴政完全消灭为止。会谈是在热诚和十分真挚的气氛中进行的；这次会谈使我们有机会重申：苏、英、美三国完全依照三国的同盟关系，已结成亲密的友谊，达成相互的谅解。"

丘吉尔完成了这项任务之后，不免心中一笑，因为一切好像都是在他的掌控之下，得意之中透露着顽皮的表情确实很少有人能读懂。

根据英美的作战计划，在"火炬"计划实施之前，英美联军决定由蒙哥马利将军率领英美10万大军在北非阿拉曼登陆。10月23日晚向敌人正式发动攻击，几小时内就摧毁了德军的通讯网。德军在英美联军的猛烈攻击下，很快就败下阵来，接连后退，死伤惨重。

在阿拉曼战役中，德意联军损失6万人，其中3.4万是德国人。阿拉曼战役的胜利，扭转了整个北非战场，也是德意法西斯被击溃的开始。丘吉尔在回忆录中写道："在阿拉曼战役之前，我们从未打过一次胜仗，而在阿拉曼战役之后，我们从未打过一次败仗。"他命令英国全国敲钟，庆贺这次大捷。

英国方面为了表彰蒙哥马利将军的英勇作战，丘吉尔在首相官邸特意为蒙哥马利摆庆功宴。蒙哥马利准时赴宴，当首相举杯庆贺时，蒙哥马利婉言谢绝，并解释他不饮酒的原因："我不饮酒也不吸烟，所以我精神百倍。"

这让丘吉尔有点感到意外，因为他除了嗜酒外，嘴里总是衔着雪茄。丘吉尔马上对蒙哥马利说："恰恰相反，正因为我喝酒吸烟，所以我才精神百倍。"蒙哥马利后来被丘吉尔晋升为陆军元帅，还被英国国王授予阿拉曼公爵的尊号。

紧接阿拉曼战役的是筹划已久的"火炬"计划，即美英联军在法属北非三城市登陆。

11月8日凌晨1时，在1700架飞机提供空中保障的情况下，盟军665艘军舰和运输舰载运13个师，从首尾相距800英里的摩洛哥的奥兰（现称瓦赫兰）、卡萨布兰卡（现称达尔贝达）和阿尔及利亚的阿尔及尔三处同时登陆，并很快控制了局势。开始时盟军进展缓慢，遭到法军顽强的抵抗。他们一边巩固登陆据点，一边继续向东推进。

在战役进行的过程中，为了争取法军归顺，达到"兵不血刃"的目的，艾森豪威尔将军只好与法军首领达尔朗谈判。因为不少北非的法国军政要人视贝当总理（他在第一次世界大战中是有名的"凡尔登英雄"）为偶像，而达尔朗又被视为贝当的直接代表，争取到达尔朗就是争取到法国反动势力。

丘吉尔对这一做法也是持赞成的态度，他曾说："如果我能见到达尔朗的话，尽管我极恨他，但我如能匍匐在地上爬行一英里路而使他把舰队带到盟军这边来，那我也欣然照办。"最终，双方达成了一个全面协议，以北非的法国军政官员和平民与盟军合作为条件，盟军承认达尔朗对法属北非行政事务的管理权。

以此为条件，达尔朗发出停火命令，摩洛哥总督宣布投降，盟军10日占领奥兰，11日占领卡萨布兰卡，到月底阿尔及利亚和摩洛哥全境都在盟军的控制之下。丘吉尔认为战争的转折点到来了，他在午餐会上兴奋地说："我们战士头上的钢盔闪闪发光，温暖和振奋了我们所有人的心。"

但是，英美盟军与达尔朗达成协议一事公布后，引起了英美国内以及戴高乐派法国战士的强烈不满。丘吉尔和罗斯福遂于11月18日发表声明称："目前在北非和西非所做的安排，仅是由于战事紧迫而不得已采取的一种权宜之计。未来的法国政府只能是由法国人民自己来成立。"

接着，罗斯福又对记者引用了一个流传在巴尔干的古老的希腊教会的格言："在大难临头之际，你们可与魔鬼同行，直到你们脱离险境。"以此说明美国在处理达尔朗问题上的态度。声名狼藉的达尔朗哀叹自己"仅是一个被美国人挤干后将要扔掉的柠檬"，惶惶不可终日。12月23日，达尔朗被年轻的戴高乐分子刺杀身亡。

当斯大林得知盟军在北非登陆成功的消息后，曾给予极高评价。他指出："苏联方面认为这次军事行动是有重大意义的卓越事实，它表明盟国武装力量的实力正在增长，并展示了意德同盟不久将崩溃的前景。非洲的军事行动再一次驳斥了那些断言英美领导者没有能力组织重大的军事行动的怀疑论者。毫无疑问，只有第一流的组织家才能完成这样重大的战役。"

1943年年初至2月中旬，德军在突尼斯集结兵力，于2月14日发起反扑，被盟军击败。3月下旬，英美联军向敌人据守的马雷特防线发动进攻受挫。4月6日，新的一轮进攻终于奏效；德意军队被迫于4月中旬撤到突尼斯北部。

4月19日，盟军发动总攻，经过18天激战，于5月7日分别攻占了突尼斯城和比塞大港。由于没有运输船只可用于撤退，成为瓮中之鳖的25万德意军队只得于5月13日全部投降。

与此相呼应的是苏联红军在苏德战场上也取得了巨大胜利。自1942年7月17日斯大林格勒会战开始之日起，在经过4个月的顽强防御中，消耗了敌人大量有生力量。

11月23日，苏军在斯大林格勒发动了大规模的反攻。苏联以100万兵力、1.35万门大炮、900辆坦克和1400架飞机的巨大优势，对33万德军形成合围。

战斗进行至1943年2月2日才告结束，被围德军全部被歼灭。从此，苏联一方夺得战略主动权，德军被迫转入全面防御。这次大会战成为苏德战争的转折点，也是第二次世界大战的一个分水岭。

在北非登陆胜利的凯歌声中，1943年5月12日，丘吉尔一行在华盛顿与美国军政首脑在白宫举行了代号为"三叉戟"的秘密军事会议。

会议规定的基本任务是：打破轴心国潜艇的威胁；加强空中优势；尽力援助苏联和中国；促使非洲法军在今后战争中起积极作

用；在地中海作战以迫使意大利退出战争；集中最大限度的人力和物力到英国，以便在1944年春在法国登陆，开辟第二战场，对德实施决定性进攻。

为了及时将意大利逐出战争圈，7月10日，丘吉尔发动了代号为"哈斯基"的西西里战役。战争一开始，运载着16万英美军队的3200艘大小军舰和运输船，在1000架飞机的掩护下，利用风狂浪涌的恶劣天气出乎敌人预料地发起进攻。经过一个多月的激战，终于解放了西西里全岛。随即意大利墨索里尼政府垮台。

9月3日，意大利政府宣布无条件投降。10月13日，意大利对德宣战。英美苏三国随即宣布接受意大利为共同作战的一方。

在意大利局势发生急剧变化期间，丘吉尔于8月中旬乘"玛丽皇后号"抵达魁北克与罗斯福举行会晤。双方首脑及参谋人员讨论了渡海在法国登陆作战的"霸王"计划，一致认为德国法西斯已走上穷途末路，大反攻的时机成熟了。

5. "霸王"行动

随着战争形势发生的重大转折，罗斯福致电斯大林，"在战争的转折关头"三大国首脑应尽早会面商讨战略问题和战后政策。莫斯科三国外长会议决定在伊朗首都德黑兰举行这次会议。

1943年11月28日，二战时期的风云领袖人物罗斯福、丘吉尔、斯大林"三巨头"第一次"像一家人一样"围坐在德黑兰的会议桌旁。丘吉尔说这次会议"也许象征着人类有史以来最大的一次世界力量的聚会"。

会议内容主要是研究决定未来的作战计划。德黑兰苏美英三国首脑会议确定，盟军开辟第二战场的总意图是：在法国西北部登陆，夺占登陆场和港口，保障主力登陆和后勤供应，然后发动攻势占领整个法国西北部地区，并与在法国南部登陆的部队配合，向德国内地进攻，协同苏军最后战胜法西斯德国。

斯大林赞成英美的"霸王"计划并希望将该计划尽可能提前到1944年5月进行，同时答应发动攻势以防德军从东线调往西线。

会议还讨论了战后波兰疆界，一致同意东、西边界都向西移。谈到德国未来时，认为战争根源是普鲁士，丘吉尔主张把德国南部同普鲁士分开，南部和其他有关国家成立"多瑙河联盟"，斯大林表示异议，会议对此未作结论。

罗斯福的幕僚舍伍德对三巨头参加会议的基本情况，有一个非常得体的概括：丘吉尔"使尽了辩论家的艺术，辞令动听，委婉得体，这是他的拿手本领"；斯大林"对他的老练的敌手毫不留情，戳破其躲躲闪闪和弄虚作假的手法"；而罗斯福"则居中充当大家公认的会议主持人、仲裁者和最后的权威"。

在一些具体问题上，在丘吉尔和斯大林发生针锋相对的争辩时，罗斯福常常还是站在斯大林一边。

难怪英国外交副大臣卡多根在日记中这样写道：丘吉尔在德黑兰会议期间一再说，他那时才第一次意识到"英国是一个多么小的国家"，"我的一边坐着把一条腿搭在另一条腿上的巨大的俄国熊，另一边是巨大的北美野牛。中间坐着的是一头可怜的英国小毛驴……然而，在这三者当中唯有小毛驴能够认准归途"。

早在1944年4月，艾森豪威尔将军就对英美空军加以改组，统一组织，统一领导，为联军登陆做好了充分准备。4月—5月间，盟国空军对法国铁路、公路交通线和飞机场的轰炸更为猛烈，炸毁了火车机车1500台和大量的德国飞机。

结果，在盟军登陆前夕，法国基地上的德国飞机只有500架，并且其中一半由于缺乏零件、汽油和受过训练的飞行员而不能上天，德国空军几乎处于瘫痪状态，盟军完全取得了战争的主动权。

同时还对德国本土及其占领区实行"战略轰炸"，其目的是"摧毁和打乱德国军事、工业和经济体系，瓦解德国人民的士气"。这些战前行动，有效地打击了敌人士气，给敌对国的军民造成心理上的严重威胁。

在此期间，德国的海上力量也严重削弱。在盟国海军连续的打击下，德国潜艇的嚣张气焰已一落千丈。

丘吉尔主持军事会议，研讨"霸王"行动的实施，经反复磋商，登陆的地点确定在诺曼底。诺曼底不但地势开阔，可同时摆开26—30个师，而且距离英国西南海岸大港口又较近，便于输送部队运送物资，又加上德军在这里的兵力也较薄弱，登陆容易成功，有利条件胜过加来。

加来虽距英国海岸近、但距英国海港远，又是德国重点设防之地，登陆必遭激烈抵抗，且不易向纵深发展。

诺曼底的缺点是没有良港，丘吉尔开动他那创造性的大脑，提出用人造港来代替的创见，随后便召集工程技术人员进行设计。

人造港是用100多万吨钢筋水泥来建造一批巨大的码头，将它们安放在海滩上，向海的一端浮在海面，再用沉入水中的混凝土结构和沉船在外围筑成巨大弧形的防波堤加以掩蔽。这样，尽管英吉利海峡浪高流急，狂风骤起，吃水深的舰船就能够停泊和卸载，登陆艇也能够自由来往于海滩。

在"霸王"行动开始之前，为了使德国人摸不清盟军登陆的准确地点和日期，盟国方面煞费苦心地制造各种假象来迷惑敌人。他们集结了一支假舰队，发出大量电讯，造成假象，让德军错误地判断盟军总司令部设在肯特。

为了达到更加真实的效果，盟军还让以勇猛著称的美国将领乔治·巴顿闲步肯特街头，而此时德国情报人员获得的信息也断定乔治·巴顿就是盟军总司令。在进攻前夕，英国飞机又撒下大量的锡箔片，使德军从海岸雷达上看来，好像一支舰队正从第厄普向东驶出，开往加来。

这些因丘吉尔所说"真相经常应由虚假相伴来做保镖"的话而得名的"保镖"计划，结果大获成功。德国人真的以为登陆地点不是在诺曼底而是在加来，因而将他们的主要防卫力量，包括大批摩托化部队集结于加来周围地区，从而使诺曼底的德军防卫力量相对变弱了。

诺曼底登陆前夕，近70岁的丘吉尔要求随英舰"贝尔法斯特"号参战，艾森豪威尔不答应。丘吉尔死缠硬磨地说："那么，我就以英舰水兵的名义签名参战，将军无法阻挡。"艾森豪威尔无可奈何，只好派参谋长史密斯将军晋见英王。

英王乔治六世说："温斯顿的问题由我来处理。"他召见丘吉尔说："如果您决心参加战斗，我也有义务与您一同参战。"丘吉尔只得罢休，望海兴叹。丘吉尔，一个战时的领袖，却能主动请缨，亲临前线，完全把个人安危置之度外，这种大无畏的英雄主义气概，永远值得人们颂扬。

6月6日凌晨，盟军利用刚刚出现的短暂的好天气和涨潮契机，开始在诺曼底地区登陆。美英847架滑翔机和2395架运输机，载着3个伞兵师从英国20个机场同时向南疾飞，到法国诺曼底海岸后边的重要地区空降着陆。

6时30分，美军开始在奥马哈和犹他滩头登陆，几乎同时，英国和加拿大军队也陆续在事先选定的海滩登陆。到了6日夜晚，将近10个师的部队连同大炮、坦克及其他武器全部运送登陆，后续部队也源源不断而来，盟军的力量不断扩大，以绝对的优势压倒德国守军。

希特勒大肆吹嘘的"大西洋壁垒"不久被盟军攻克，从而为摧毁西线德军奠定了基础。仅在6日这一整天，盟军就出动1.46万架次飞机、17个师团和2万辆军车登上了陆地。到12日，5个占领的滩头连成一片，有近33万人和5万多辆军车、10万多吨物资登上诺曼底，德军死伤16万人。

6月11日深夜，丘吉尔和罗斯福分别收到斯大林发来的热情洋溢的贺电：

"显然，原定计划中这次规模庞大的登陆行动，已经全部成功了。我的同事们和我不得不承认：就其规模，就其宏大的布局，以及杰出地执行计划情况来讲，战争史上从来也没有过足以与之类比的事业。

"众所周知，拿破仑当年打算强渡海峡遭到可耻的失败。歇斯底里的希特勒吹了两年牛皮，说要强渡海峡，但是就连作一个企图进行威胁的暗示，也下不了决心。只有我们的盟军才光荣地、胜利地实现了强渡海峡的庞大计划。历史将把这一业绩当作一项最高的成就而记载下来。"

诺曼底登陆以后，德军节节败退。法国抵抗运动在新开辟的西欧战场上的盟军的强有力的配合下，于8月24日解放巴黎。戴高乐已被公认为法国领袖，他回到巴黎组织临时政府。

由于大力支持戴高乐的流亡政府和自由法国运动，英国和丘吉尔受到法国人的感激和崇拜。11月10日，丘吉尔应邀访问已被罗斯福承认的戴高乐政府，受到了极隆重的接待。12日，丘吉尔被授予巴黎荣誉公民称号。

与此同时，于6月10日开始的苏军夏季攻势也捷报频传。到8月中旬，苏军已打到东普鲁士边境。8月26日保加利亚退出战争。9月间，芬兰也退出战争，并向拒绝撤离的德军开火。

战争已日益迫近德国本土，希特勒大肆吹嘘过的齐格菲防线实际上已处于无人防守的境地，西线德军已损失近50万人。隆美尔元帅的参谋长斯派达尔将军说："地面部队已经不再存在，更不要说空军了。"新任德军西线总司令伦斯德战后对盟军提审人员说："就我个人来说，战争在9月底就结束了。"

但是希特勒还要做垂死挣扎，纳粹当局强令15岁—18岁以及50岁—60岁的男子都要应征入伍，在9月、10月间又征集了50万人投入战场。兵败如山倒，德军大势已去，虽极力负隅顽抗，也无济于事。

苏军的迅速前进，使丘吉尔、罗斯福与斯大林的会晤显得迫切。第四次当选总统的罗斯福同丘吉尔、斯大林于1945年2月4日至11日在苏联克里米亚半岛的雅尔塔举行会谈。会议对联合国组织的建立、常任理事国及否决权问题等都进行了讨论，并取得了一致的意见。

会议还讨论了战后德国的占领问题。在丘吉尔的坚持下，同意法国也参加对德国的占领。会议确定战后波兰东西边境均向西移。苏联在会上宣布对德作战结束后早日参加对日战争。

4月12日，罗斯福突然死于脑溢血，丘吉尔大为震惊和悲痛。为了悼念卓越的罗斯福总统，丘吉尔在回忆录中这样写道："关于罗斯福总统，我们可以说：在我们亲身经历的极端危难时刻，如果他当时没有采取他实际上采取的行动，如果他没有下决心援助英国和欧洲，那么人类的整个前途将沉沦于屈辱和灾难之中。"

1945年4月30日，苏军攻克柏林，希特勒自杀。5月7日，德军总参谋长在投降书上签字，宣布无条件投降。第二天，通告全世界法西斯德国无条件投降。日本也于8月15日宣布无条件投降。这样，长达六年之久的第二次世界大战正式宣告结束。

战争结束后，战时内阁也必须解散。5月23日，丘吉尔解散了联合政府，正式提出辞职，随即国王要求他组织临时看守政府，负责暂时管理国家，并将大选日期定于7月5日。保守党认为凭借丘吉尔在战争中的功劳和个人的巨大威望，一定会在大选中胜出。

在竞选中，丘吉尔没有提出新的主张，特别是经济问题。他认为疯狂的法西斯虽然被消灭，但阻碍大英帝国前进发展的新的最大的敌人苏联及东欧社会主义却日益强大，他把当前的主要工作定位为由联苏转向强烈的反苏。

这种好战的思想，严重违背了英国人民迫切希望安定和平的愿望，况且英国人民已经从苏联在二战中显示的巨大威力中看到了社会主义制度的优越性。

人们已经从战争中走了出来，现在最关心的问题是重建幸福家园的问题。而工党领袖艾德礼就敏锐地抓住了这一问题，耐心地倾听选民的意见，赢得了选民的好感。

大选投票前的一个月，对于丘吉尔来说实在是很难度过的。此时的丘吉尔已经71岁高龄了，已逾古稀之年。对于在英格兰和苏格兰的各大城市进行竞选演说，体力上真有些力不从心。

其实就丘吉尔而言，已经不需要再这样热心竞选了。他所取得的成就是英国历届首相均未达到的，他完全可以在家安享晚年的快乐时光。但是丘吉尔还是放心不下英国，他的那种具有狂热政治热情的心灵坚持了整整一生，这是一般人难以做到的。

应美国总统杜鲁门的邀请，丘吉尔于7月15日飞往波茨坦参加"三巨头"会议。在大选期间，为了保证英国外交政策的连续性，他建议工党领袖艾德礼陪同他参加在波茨坦召开的"三巨头"会议。

7月17日，美国陆军部长向他透露了原子弹试验成功的消息。7月22日，英美首脑联席会议正式做出对日战争中使用原子弹的决定。但丘吉尔在这一问题上未作表态，他认为在大选结果没有公布之前，他不便对会议中的任何重大问题做出决定。

7月25日，丘吉尔一行回国，以等候第二天公布大选结果。本来丘吉尔对大选获胜一直抱有信心。临别前，丘吉尔还稳操胜券地对斯大林说："放心吧，我一定会回来的。"到家后又美美地吃了顿"预祝胜利"的晚餐。他怀着必胜的信念甜美地入睡，快要天亮时"突然感到身上被戳一刀似的"惊醒了，因而预感到形势不妙。

第二天中午时分，丘吉尔正在浴缸里洗澡，理查德爵士把工党获胜的消息告诉了他。丘吉尔听后十分坦然地说："他们完全有权利把我赶下台。那就是民主，那就是我们一直在奋斗争取的，现在劳烦你把毛巾递给我。"他的这种泰然处事的大将风度确实令人敬佩！

这次选举的结果是：工党获得393个席位，保守党只获得197个席位，就这样，尽管丘吉尔本人当选，但保守党却遭到惨败。丘吉尔当晚就提出了辞呈。

7月26日，丘吉尔举行了辞职演说——《告全国人民书》：

"英国人民的决定已经记录在今天公布的选票中。因此，我已卸下你们在阴暗的时期交给我的职责。我感到遗憾的是我没有机会完成对于日本的工作。然而这方面的一切计划和准备都已做好，而且结果的来临可能比我们目前所预料的要快得多。国内外无限的责任落在新政府的身上，我们大家应该希望他们成功地担负起这个责任。

"现在唯有向在危难的岁月中我曾为之服务过的不列颠人民表达我深厚的谢忱，以报答他们在我工作中所给我的不屈不挠的支持，以及对他们的公仆所表达的许多厚意。"

这一切正如丘吉尔在他的传记中写到的那样："最辉煌的时刻消失得最快。"英国人民永远不会忘记丘吉尔为英国所做的贡献，否则丘吉尔就不会被评为"有史以来最伟大的英国人"！

6. 荣获诺贝尔文学奖

下台后的丘吉尔很不甘心地搬出了唐宁街10号，在市中心新买的海德公园门28号和恰特韦尔庄园两处私宅交替居住。这时他已年满71岁，但政治雄心未泯。许多人劝他退出政治舞台，在安享战争年代赢得的荣誉中度过晚年。

但他不愿离开保守党领袖岗位，继续在议会中领导反对党同执政党进行角逐，他坚信一定会返回唐宁街10号。

他说："工党政府不会永久存在，上帝保佑，在我们返回之前，国家不要遭受更多的损害。我们应当回去。我们一定回去，这是必然的，就像太阳明天必然会重新升起一样。"

丘吉尔采取这样的决定以后，他在议会的主要任务就是千方百计地破坏工党政府的威信。他曾说："反对党领袖的责任就是攻击政府，只有这一点，没有其他。"

他断言，工党政府所采取的各项措施完全不是出于对社会的需要，而是为了满足对特定的社会主义学说的信仰。他预言，工党政策的直接后果，就是不可避免地导致英国经济的破产。

战争临近结束时，频繁的内阁会议和紧张的事务，累得丘吉尔不得不要由海军陆战队用椅子抬着参加会议。现在丘吉尔当务之急是需要做好休息调整。

9月1日，他带着女儿莎拉和医生莫兰勋爵，来到北意大利科莫湖边亚历山大元帅的别墅作充分的休息，浏览他的战时记录，考虑写第二次世界大战回忆录。11月，又到法国南方里维埃拉比弗布鲁克的别墅休整两周。

1946年年初，他向议会请假几个月，去美国旅行，在气候温暖的迈阿密和古巴哈瓦那等地流连忘返。

1946年3月5日，丘吉尔由杜鲁门总统亲自陪同，乘坐丘吉尔的专列，来到他的家乡密苏里州小城富尔顿，借威斯敏斯特学院讲坛，发表了一篇关于世界政策的题为《和平砥柱》的著名演说。

他呼吁联合国成立维持和平部队，主张西方大国封锁制造原子弹的秘密，并力促"保持英语国家的特殊关系"。他对"东欧传统的暴政"进行了抨击，并提出了"铁幕"的说法：

"从波罗的海的什切青到亚得里亚海边的里雅斯特，一幅横贯欧洲大陆的铁幕已经降落下来。在这条线的背后，坐落着所有中欧和东欧古国的首都……几乎在每一处都是警察政府占了上风。到目前为止，除了捷克斯洛伐克之外，根本没有真正的民主。"

这篇"著名"的演说，极力鼓吹"实力政策"，奠定了"冷战"的先声。立刻引起了舆论哗然，破坏了当时仍然存在的反法西斯国家之间的友善气氛，激怒了苏联人民，更激怒了曾经与他并肩作战的斯大林，斯大林对《真理报》记者发表谈话，说丘吉尔"实质上是站在战争贩子的立场上"。

丘吉尔这时的生活，真可谓"输得起，放得下"，过着优裕又闲暇的生活。他继续保持了绘画的爱好，还当选为皇家美术学院院士。

他还恋恋不舍地搞了骑马和游泳的告别式，然后又在小女婿索姆斯（玛丽的丈夫）怂恿下迷上了赛马这种娱乐。比赛时丘吉尔常常待在赛马场上，他下的赌注十拿九稳会赢。马和马的主人都博得观众赞扬，丘吉尔十分得意。

生活中的丘吉尔还十分喜欢养宠物，他的牧场里养了许多宠物：有珍贵的澳大利亚黑天鹅，有各种各样的金鲤鱼，还有高贵的名种马。如此广泛的兴趣爱好，陶冶了他的情操。

他最喜爱的宠物是一头名叫"鲁菲斯"的棕色卷毛狮子小狗。一次过马路时不小心，鲁菲斯被汽车撞死。之后，丘吉尔很伤心，经常一个人在花园里怀念这只陪伴他多年的小狗。朋友为了安慰他，又送给他一只几乎一样的小狗，丘吉尔高兴地把它叫作"鲁菲斯第二"。

丘吉尔不但兴趣爱好广泛，而且还善于修身养性。一次生日宴会上，有人问："丘吉尔先生，您的一生经历了很多重大事件，再加上责任重，公务繁忙，可是您依然这么健康，能告诉我们您的长寿秘诀吗？"

丘吉尔笑了笑说："这是因为我和上帝合作得好，他老人家很照顾我。另外我有个习惯，如果有地方坐着，我绝不站着；如果能躺着，我绝不坐着。"只有会抓紧一切机会休息和享受生活的人，才能愉快地工作，健康地活着。丘吉尔做到了这一切，所以他比同时代的风云人物都要健康长寿得多。

丘吉尔被英国人称为"快乐的首相"，不论在公开场合，还是与家人在一起，他总是乐观开朗，诙谐幽默。有一次朋友聚会，丘吉尔碰上了政界对手的夫人，那位夫人对丘吉尔一直就没有什么好感。

一阵寒暄过后，那位夫人对丘吉尔说："温斯顿，如果您是我的丈夫，我会把毒药放进您的咖啡里去。"丘吉尔听后笑了笑说："夫人，我要是您丈夫的话，我就心甘情愿地把那杯咖啡喝下去！"那位夫人不但没有占到便宜，反而被丘吉尔嘲讽了一番。

在社会活动之余，丘吉尔在他所有的工作中，最主要的时间和精力都投入到撰写六卷本、长达数百万字的《第二次世界大战回忆录》。丘吉尔曾说过，他在当首相时就已开始准备创作这部书。

丘吉尔写这本书是想把这次人类历史上的大劫难的一些鲜为人

知的内幕揭示出来，给人以有益的启示，尤其给后来人以借鉴，怎样对待战争，怎样在战争中运筹帷幄，怎样在自己的国家受到威胁时与敌人进行针锋相对的斗争。同时也提醒人们珍惜生命，爱好和平，为人类创造美好的未来。

当有一个出版商问起丘吉尔是否同意把自己的著做交给他出版时，丘吉尔答道："我不是写书，而是在积累财富。"

这本书不但给他赢得了荣誉，而且为他带来了丰厚的稿酬。1965年《星期日泰晤士报》写道："20世纪很少有人比丘吉尔拿的稿费还多。"

他吸取了《世界危机》一书的全部经验。在下野的6年中，专心致志地撰写这本关于第二次世界大战的权威性回忆录，其最后一卷于1953年问世。这本回忆录是丘吉尔根据他作为英国首相兼国防大臣的亲身经历写成的。

由于他的特殊地位，所掌握的材料广泛、全面而具有权威性。书中大量引用了政府文件、会议记录、来往通电以及他个人保存的档案材料，这些都是一般人难以接触到的。这是作者以其独特的身份、立场和观察角度写出的一部有很浓厚个人感情色彩的回忆录，具有很高的文学价值和历史价值。

尽管有这么多的素材，但编写《第二次世界大战回忆录》仍旧是一项艰巨的任务。因此，丘吉尔召集了一帮人来帮忙，包括许多海军、陆军和空军军事专家、学者，还有历史学家和文学家。

除此之外，还有两组秘书轮流在丘吉尔身旁工作，他们每天分两班工作，整理记录由丘吉尔经过思考梳理之后的口述，他每天大约口述8000字到9000字。

在丘吉尔看来，历史不过是叙述以默默无闻、无所作为的人民群众为背景进行活动的善良或凶恶的英雄们的事迹。关于第二次世界大战的历史，他就是以这种观点写的。

在书中，他把自己作为历史事件的中心人物，把一切功劳归于自己，把所有错误归结为希特勒的狡诈或英美法政治家的愚蠢；同时还强烈地表露了作者的反苏情绪，对苏联人民在反法西斯斗争中的重大贡献保持缄默，而竭力鼓吹英美合作。

这部著作有不少重要场面是歪曲事实真相的，尽管如此，丘吉尔的著作仍披露了大量的历史文件和事实，对研究第二次世界大战有一定的帮助；也正因为这样，《第二次世界大战回忆录》获得了诺贝尔奖。

1953年，瑞典文学院将诺贝尔文学奖颁给丘吉尔，理由是："由于他在描绘历史与传记方面之造诣和他那捍卫人的崇高价值的杰出演讲。"瑞典学院齐瓦兹院士在颁奖词中还说："丘吉尔在政治上和文学上的成就如此之大，……此前从未有过一位领袖人物能两样兼备而且如此杰出。"

在每年仅有一名的诺贝尔文学奖得主中，丘吉尔被认为占有特殊的地位，瑞典文学院的颁奖词几乎还带了点谄媚的味道："一项文学奖本来意在把荣誉给予作者，而这一次却相反，是作者给了这项文学奖以荣誉。"

7. 晚年岁月

在离任的这些年中，丘吉尔衰弱的身体有了明显好转。他精力充沛、信心倍增，渴望"复仇"和"改变1945年选民们对他的判决"。他终于等到了时来运转的这一天。1951年11月英国大选，保守党终于以321票的微弱优势获胜，丘吉尔第二次当选为英国首相。

丘吉尔这次当上首相时，已经77岁高龄。从某些方面来看，在这种年龄上他仍然算是十分健康的。但是，实际上丘吉尔坚强的躯体开始衰弱。他的耳朵逐渐聋了，治疗效果并不明显。

他的保健医生莫兰在选举时对丘吉尔的健康状况做出这样一个结论："如果温斯顿在这次选举中获胜并返回唐宁街10号，我也怀疑他的健康状况是否能胜任这项工作。在最近这14个月里——他有些颠三倒四，不像从前那样能够抓住事物的本质。"

然而，这次担任首相职务，丘吉尔内心十分满意。他很清楚，1940年他担任政府首脑是因为当时复杂的特殊条件造成的。而现在1951年，他所领导的政党在选举中获胜，有力地证明自己及所代表的政党赢得了英国人民的认可。

丘吉尔在这届任期内，仍和从前一样，把工作的重点放在外交事务上，而国内事务则完全放权让大臣们独自去处理，自己却很少过问。

1952年2月6日，英王乔治五世逝世，他的王位传给女儿伊丽莎白。次年，女王授予丘吉尔英国最高的勋位——嘉德勋士爵位，以表彰他对大英帝国做出的巨大贡献，并让他承担督办加冕典礼的任务。丘吉尔于1953年6月2日顺利地举行了女王加冕典礼。

1952年11月，丘吉尔赴美与杜鲁门会晤，商讨加强英美合作问题，再一次强调了英语民族的团结这一主题。丘吉尔还表态支持美国参加朝鲜战争，支持美国反对中国的政策。英国《泰晤士报》报道丘吉尔访美时说，他仍然"反应敏捷、消息灵通、思想丰富、语言生动，而且诙谐机智一如既往"。

1953年1月，艾森豪威尔就任美国总统。3月，斯大林逝世。6月23日，丘吉尔在接待意大利总理加斯贝利的来访时，出现轻微中风，身体左半部出现麻痹症状。在家庭医生莫兰的精心医治和护理下，他的中风不久就得到恢复。

此前因他生病，人们已经在议论他的辞职和保守党更换领导人的问题。他就此谈过自己的看法："以我之高龄，现在仍身居高位，肩负重任，这绝非因我贪恋权势或官职，这两者我已足矣。我之所以继续留任，是因为我有一种感觉，我可以做一些事情，对已经发生的事情施以某种影响，尤其对我所最关心的问题，即建立可靠和持久的和平。"

如今的丘吉尔并不像以往那样激烈地反对新兴社会主义了。面对苏联一天天的强大和中国等新生力量的增长，他觉得社会主义用武力是无法消灭的，他曾多次表明希望与苏联达成和平共处的协议。1954年年初，丘吉尔为了实现"和平缔造者"的理想，曾试图会见苏联领导人，但马林科夫于第二年2月下台，丘吉尔的苏联之行也就被搁浅了。

丘吉尔终于认识到自己心有余而力不足。1954年3月，他对巴特勒说："我感觉自己像一只正要结束飞行的飞机。天色已是薄暮，汽油也将耗尽，可我还在寻找安全降落的地点。"他已准备让艾登接他的班。

11月30日丘吉尔80华诞，除了家里按惯例为他举行了庆祝聚会外，议会两院也在威斯敏斯特大厅为他举行了一次特别祝寿会。大小人物共同捐资25万英镑，送给他两块直径3英尺的大蛋糕和一幅他本人的画像。这天，英国下院还授予他"下院之父"的荣誉称号。

1955年1月5日丘吉尔决定辞职，艾登受命从东南亚条约组织理事会议的中途赶回，准备接班组阁。4日，丘吉尔在唐宁街10号首相官邸举行告别宴会，邀请了伊丽莎白女王和爱丁堡公爵，同时还邀请了政府官员及工党的著名人物，还有第二次世界大战期间的著名军事将领和丘吉尔过去的亲密战友。

宴会上，丘吉尔像往常一样举杯为女王祝酒："愿上帝保佑我们伟大的女王，为了女王的健康，干杯！"女王却破例地为丘吉尔祝酒："尊敬的首相，我代表英国的人民感谢您为国家和人民所进行的工作……为我们不同凡响的首相，干杯！"在这之前，英王还从来没有为首相祝酒的先例，此次的破例足以证明女王对老首相的格外敬重。

5日中午，丘吉尔在首相府主持了最后一次内阁会议。下午4时半，他到白金汉宫递交了辞呈。5时许，在搬出唐宁街10号前，丘吉尔举行茶会招待首相府全体工作人员和服务人员，同他们话别，向他们每人赠送一枚银质V字奖章作为纪念，以激励他们记住光荣的历史，铸就辉煌的未来。丘吉尔搬出唐宁街10号时，《泰晤士报》做了如下报道：

"在离开前，他举行茶会招待全体公务人员。当他由房子走向等候的车子时，他们站在大楼旁唱'他是一个快活的好伙伴'，他吸着雪茄，用他有名的V字手势向聚集在唐宁街上祝贺的群众打招呼。温斯顿·丘吉尔先生在祝福的欢呼声和叫喊声中，乘车慢慢地离去。"

丘吉尔是一个为政治而生的人，他虽然卸下了政府职务，却依然在为自己热爱的事业奔波操劳，生命不息，战斗不止。就像他尊敬和喜爱的音乐家哈里·劳德的一首歌《勇往直前，走向道路的尽头》所说的，他关心政治的热情，也勇往直前地奔流到生命的尽头。

他还是一个议员，而且以后每逢大选，他都积极参加竞选，争取连任议员。在身体和精神状况良好的时候，他爱戴起助听器，挂着金头手杖走进议会，坐在过道下边政府方面席位的首席听会。不过他现在已经不是每会必到了，更不像过去那样经常在讲坛上高谈阔论了。但是，即使只是静静地坐在那里倾听，他也觉得是一种享受。

然而，他的身体却一年比一年更加虚弱了，腿脚也不太灵便了，他去议会大厅的次数也是越来越少了。

丘吉尔的最后十年，大部分时间在恰特韦尔庄园度过，有时住在市区海德公园门28号，前几年每年还到法国南方去小住一段时间。

"烈士暮年，壮心不已。"他抓紧时间把二战前已写好大部分草稿的四卷本《英语民族史》完成，并陆续整理出版。丘吉尔想借出版这部书的机会进一步宣传英美合作。他始终认为，英美联盟是维护资本主义制度的支柱。他写道："在我们面前展现出新的历史阶段。英美联盟将在这个阶段再次经受考验，将在保卫和平和自由方面发挥巨大威力。"

因此他的这部著作自始至终都贯穿着英美联盟的思想，并且是用历史的观点加以论证的。

他还继续出国访问，接受各种奖章和荣誉。1958年11月，法国戴高乐总统向他颁发了"解放十字奖章"。

1962年，丘吉尔在蒙的卡罗不幸摔了一跤，造成胯骨骨折。英国空军飞机把他接回英国，在医院里住了很长时间。他虽然已经年迈，但在重伤之后还是康复了。丘吉尔的力量似乎是无穷无尽的，但实际上已经接近枯竭。

1963年4月，美国国会两院通过专门决议，由肯尼迪总统签署批准，授予丘吉尔"美国荣誉公民称号"，这是美国可以授予他的最高荣誉。不过这次因为身体原因，他不能亲自去美国接受荣誉。

直到1963年5月他才在家人的劝告下宣布退休，不再做议员候选人了。1964年7月27日，他以89岁的高龄，还最后一次去了议会，长达65年的议员生活至此结束。

次日经工党首相道格拉斯·霍姆提议，就丘吉尔对议会、国家和世界所做的贡献，表示无限赞颂和感谢，并"载入议会记录"。这种专门决议是议会1814年感谢惠灵顿以来的第一次。朋友和医生怕丘吉尔过于激动，没有请他参加会议。

1964年11月30日，丘吉尔迎来了90华诞。这天，他穿着按战时式样缝制的古怪服装，站在住所二楼的窗口边，向聚集在家门口附近的祝寿人群挥手致谢。由于体力不支，打不起精神，没有举行任何隆重的仪式。但他还是收到6万件来自世界各地的贺信、贺电和许多贺礼，包括女王送来的鲜花，新首相威尔逊送来的寿礼。

晚上他怀着极大的兴趣，观看了英国广播电视台祝贺他90大寿的特别节目。

从当天的纪录片看，他已经十分衰老了，他的眼睛失去了以往闪耀的那种智慧、意志和坚强的目光，时间无情地夺走了这一切。

他还在一如既往地向命运挑战。他又取得一个新的胜利：坚韧地跨进了1965年。

1月9日，丘吉尔患了感冒，卧床不起。晚上，他第一次拒绝吸烟和喝白兰地。如此自信和倔强的人，十年前对烟酒已经严格地限量了，现在进一步"拒绝"，可见生命已非同寻常地跨向了极限的门槛。次日躺在床上没有食欲，神志不清。第三天会诊发现再次中风。15日，因脑血栓而昏迷。此后便开始逐日发布病情公告。

其间护理人员曾问丘吉尔还有什么话要说，丘吉尔幽默地说："我已经准备好去见上帝了，不管上帝是否已准备好酷刑来质问我。"最后一次幽默总是令人心酸。

最后，终于熬到了1月24日，正是父亲70年前去世的同一天，丘吉尔的呼吸缓慢而吃力起来。早上8点刚过，他心安神怡地辞世远行了，享年91岁。

这天，阴霾的天空飘洒着细细冷雨，800万伦敦市民早饭比平时吃得迟，他们从电台的临时广播里默默地收听丘吉尔逝世的消息。电台又播放起丘吉尔出任战时首相时发表的著名就职演说的部分录音：

"我所能奉献的，只有热血和辛劳，眼泪和汗水……胜利！不惜一切代价去争取胜利，无论道路多么遥远和艰难也要去争取胜利。"

这慷慨激昂、雄壮坚强的声音把人们带回到25年前那危急和拼搏的岁月。播完录音，电波中又传来贝多芬第五交响曲，它让人们回忆起二战期间，在这象征胜利的乐曲鼓舞下，领袖和人民浴血奋战的壮丽情景再次在人们眼前浮现。

1月27日，丘吉尔遗体告别瞻仰仪式在议会大厦威斯敏斯特大厅举行。他的灵柩安放在威斯敏斯特大厅，用红色地毯铺盖的四层台阶的中央高台上。台阶四角站着四名海军军官，他们身穿海军服，手持军刀，垂首而立。灵柩前方两名女军官，身穿军服，头戴军帽，一动不动地静立着。灵柩先由议院议长和3个政党领袖在四周守护，后来又换上国防和陆海空三军4位参谋长守灵。

整个告别大厅，庄严肃穆。32万公民前来瞻仰遗容，向他表达最后的敬意。

丘吉尔逝世后，伊丽莎白女王即宣布为丘吉尔举行国葬。国葬对于一个非皇室血统的人来说是一种殊荣。在英国历史上，享受这种殊荣的只有两个人：1853年为打败拿破仑的惠灵顿将军和1898年为大政治家格莱斯顿首相。

1月30日，丘吉尔国葬日。伦敦天空飘起蒙细雨，英国议会大厦缓缓地降下了半旗，全国各地的所有教堂都响起了悲痛的钟声。来自世界各地的代表和英国各地的民众齐聚伦敦街头，站在道路两旁静候灵车的到来，向丘吉尔做最后的告别。

上午9时45分，丘吉尔的灵柩被抬上只为英王葬仪使用的专用炮车上，灵柩上覆盖着英国国旗，上面放着嘉德勋章。炮车后面，长达1.6公里的3500人的送葬队伍以1分钟65步的速度缓缓前进，三军乐队轮流吹奏贝多芬和肖邦的送葬曲，一分钟发射一发的吊丧礼炮响彻冬日的天空。

灵车从威斯敏斯特大厅出发，穿过议会广场，经过白金汉宫，到达圣保罗大教堂。伊丽莎白女王和各国元首、首脑等贵宾都在大教堂里恭迎灵柩的到来。庄严隆重的仪式由合唱圣诗和奏哀乐开始，接着坎德贝利大主教做祈祷，大家都低头默哀，送殡仪式以唱丘吉尔喜欢的《共和战歌》结束。

午后，灵柩又装上炮车，来到伦敦塔旁的栈桥，再抬上游艇。游艇离开码头，仪仗队鸣礼炮19响，空军喷气式飞机以分列式盘旋在低空，为伟大的灵魂送行。

载着丘吉尔遗体的游艇沿着泰晤士河逆流而上，在滑铁卢车站登岸。灵柩被缓慢地抬上由"不列颠战役"号改装的"温斯顿·丘吉尔"号特别列车上，然后与他的亲人们一起回到了故乡伍德斯托克。依照丘吉尔生前的愿望，人们按照军人的礼仪，将他安葬在故乡伍德斯托克旁边的布伦海姆宫附近的家族墓地，同他的父母和弟弟一起长眠于九泉。

附 录

丘吉尔生平

温斯顿·丘吉尔（WinSton Churchill，1874—1965年）英国传记作家、历史学家、政治家、演说家，出生于英国牛津郡伍德斯托克镇布伦海姆宫。

他的祖先马尔巴罗公爵是英国历史上的著名军事统帅，是安妮女王统治时期英国政界权倾一时的风云人物；他的父亲伦道夫·丘吉尔勋爵是马尔巴罗公爵七世之子，是个急功近利的资产阶级政治家，曾担任过仅次于首相的财政大臣。他的母亲珍妮·杰罗姆是美国一个百万富翁的女儿，性格开朗，善于交际。

这样显赫的家庭背景为他日后成长为英国一代名相起着关键性作用，他那一半美国血统促使他终生致力于加强英美两大民族的团结合作事务。

丘吉尔是个早产儿，幼年时代并没有从他那热衷功名、忙于社交的父母那里得到多少关爱，但慈爱的保姆爱维莉丝特太太却让他充分享受到人间的温情。

他从小便被送进圣乔治贵族寄宿学校学习，曾就读于哈罗公学，但他生性执拗，学习成绩不佳，只喜欢历史、文学和军事游戏。1893年勉强考入桑赫斯特军校，由于志趣所在，毕业时成绩名列前茅，获得中尉军衔。

1895年，以中尉军衔编入皇家第四轻骑兵团。后因渴望冒险的战斗生活，以志愿兵和随军记者的身份先后参加过西班牙对古巴的殖民地战争和英国军队在印度、苏丹、南非的战争，以作战英勇、敢于履险犯难闻名。

其间，在印度驻守的两年中，他还广泛阅读了柏拉图、吉本、麦考利、叔本华、莱基、马尔萨斯、达尔文等著名思想家、哲学家、历史学家和生物学家的著作，从中吸取了丰富的思想营养，成长为"我们生活的时代里最杰出和多才多艺的人"。

这期间，他发表了报告文学《马拉坎德野战军纪实》(1898年)、《尼罗河上的战争》(1899年)、《从伦敦到莱迪史密斯》和《伊恩·汉密尔顿的进军》(1900年)和小说《萨伏罗拉》(1900年)等，备受欢迎。

1899年退伍参政，1900年当选为保守党下院议员，进入国会，开始他的政治生涯。丘吉尔最初与他父亲一样，是以保守党政治家的身份进入下院的。丘吉尔对英国的内外政策都有自己的独立见解，他一贯观点鲜明，直言不讳，永不屈服。为了坚持自己认为正确的意见，他不惜退党、转党；后来当了大臣，多次因为坚持自己的政治主张而不惜下台。

1905年年初，他因主张自由贸易而离开保守党，5月正式转入自由党，与自由党领袖劳合·乔治关系密切。同年12月自由党组织政府内阁，丘吉尔被任命为殖民地事务副大臣，这是他担任的第一个高级政府职务。他在自由党内活动了20年之久，1924年，他又因自由党的衰败以及内部的分裂而明智地选择退出该党，又回到保守党内，此后40年再也没有转过党。

从丘吉尔1908年出任商务大臣到他出任首相之前，共担任过九种大臣职务（依次为：商务、内政、海军、不管部、军需、陆军、空军、殖民地事务和财政等大臣）。在每一个职位上，他都干得有声有色，功勋卓著。

如：在商务大臣任职上他完成了8小时工作制的立法，设立劳资协商会和劳动交易所，以解决失业问题，还致力于建立失业保险制度。在海军大臣任职上他主张海军要随时准备好应战，创立了海军参谋部，使英国海军超过逐步增长的德国海军力量。在军需大臣任职上，他重视坦克研制和生产，为协约国在第一次世界大战中战胜德国做出了贡献。

从1929年到1939年这长长的十年间，丘吉尔由于与相继执政的工党领袖麦克唐纳和保守党领袖鲍德温政见不合，一直处于下野的位置。他住在恰特韦尔庄园为报社、杂志写文章，并从事著书和绘画。这期间他出版了五卷本回忆录《世界危机》(1923—1931年)、传记著作《我的早年生活》(1930年)、四卷本《马尔巴罗传》(1933—1938年)。

1940年到1945年，是丘吉尔一生中最光辉的时期。第二次世界大战前夕，由于法西斯势力的崛起，欧洲形势日益紧张，丘吉尔坚决反对英法等国的绥靖政策。他到处发表演说，揭露法西斯独裁者的侵略野心，呼吁政府加强国防建设，但始终未能得到政府的重视。1939年，第二次世界大战爆发，张伯伦内阁聘任丘吉尔为海军大臣。

1940年5月，他临危受命，出任首相。他在就职演说中，怀着对大英帝国无比热爱的民族情怀，表达了与德国法西斯主义斗争到底的坚强决心，气壮山河，振奋人心。他说："我无所奉献，除了热血、劳苦、眼泪和汗水。你们会问，我们的政策是什么？我的回答是，竭尽我们的一切力量，从海上、陆上和空中进行战争。你们会问，我们的目标是什么？我们可以用一个词来回答，胜利。"

丘吉尔掌权后，不仅表现出与英国人民一致战斗的决心，而且也采取了一系列有效的措施：在国内把经济和整个生活引向战时轨道，组织了惊心动魄的"敦刻尔克"大撤退，领导英国人民保卫了英伦三岛；取得了"火炬"登陆和"霸王"行动的决定性胜利。在国际上则与苏联和美国结成联盟，形成国际反法西斯统一战线，为反法西斯战争的最后胜利做出重大贡献。

1945年，在反法西斯胜利前夕，因保守党在大选中失败，丘吉尔失去首相职位。其后，他用6年时间完成了六卷本《第二次世界大战回忆录》（1948—1954年）。

1951年，保守党在选举中获胜，丘吉尔以77岁高龄再次出任首相。 1955年4月，因体力不支自动退职。在1956年到1958年间出版了他的《英语民族史》（四卷本）。

1965年1月24日，丘吉尔在伦敦逝世，终年91岁。

丘吉尔虽主要从事政治活动，但他的历史著作和传记文学写作也成就卓著。1946年，他被提名为诺贝尔文学奖的候选人，并终于在1953年，"由于他在描述历史与传记方面之造诣，同时由于他那捍卫崇高的人的价值的光辉演说"，获得诺贝尔文学奖。瑞典学院齐瓦兹院士在颁奖词中还说，"丘吉尔在政治上和文学上的成就如此之大，……此前从未有过一位领袖人物能两样兼备而且如此杰出。"

获奖辞

　　丘吉尔在政治上和文学上的成就如此之大，我们忍不住要将他描绘成拥有西塞罗文才的恺撒大帝。此前从未有过一位领袖人物能两样兼备而且如此杰出，跟我们如此接近。最能打动读者心灵的恐怕是丘吉尔作品中精彩纷呈的一面。并且，丘吉尔的文学描写力更为出色。他笔下的战争场面多姿多彩，无与伦比。就连从尘封的档案库里挖出来的陈旧战役，丘吉尔写来也是清晰无比。

　　丘吉尔不仅仅是一个军人，或者战争的描述者，尽管有种种逆流，第一次世界大战仍大大扩展了丘吉尔的政治与写作领域。他的历史著作将个人与史实的因素紧密地糅合在一起。他知道自己在说些什么。在估量事变的动力时，他深刻的经验是不容误解的。他曾亲历战火，冒险犯难，顶住极高的压力，因而他的话有一种震撼力。有时候属于个人的一面也许会占上风。

　　巴尔福说，《世界危机》一书是"温斯顿的精彩自传，乔装成世界史"。除了专门档案与文件，一个协助创造历史的人写出来的史书自有其特殊的价值。丘吉尔遗憾自己未能在牛津大学读书。他不得不用闲暇时间全力充实自己。他成熟的文章确实看不出教育上的缺陷。

　　总括丘吉尔文风的伟大之处并非易事。他讲究文体，尽管有侠义精神，行文却不耍花架子、不侧击，而是坦率直言。他的热情是实在的，他的魅力只受气度的幽默调节。他知道好的故事自显出效果。他瞧不起多余的虚饰。他的暗喻用得很少，却意味深长。

　　　　　　　　　　　　　　　　　　——瑞典学院院士S·齐瓦兹

获奖时代背景

丘吉尔是历史上唯一一位获得诺贝尔文学奖的首相，他的一生中创造了许多奇迹，他不仅是一位出色的演说家，杰出的政治家，而且还是一位著作等身的作家。他一生中写出了26部共45卷（本）专著，几乎每部著作的出版，在英国和世界上都引起轰动并获得如潮好评。还有许多著作被翻译成多国文字在世界各国广为发行，备受世界人民的追捧。

瑞典文学院也对他表现出特殊的兴趣。他们认为，在20世纪中叶，丘吉尔的名字比任何人都要响亮。因此，1953年瑞典文学院做出惊人的决定，将文学奖的"桂冠"戴到了英国元首丘吉尔的头上。

大家都知道，瑞典文学院一向严守一项不成文的规定：不颁奖给任何于角逐诺贝尔文学奖期间在其本国政府里担任职务，或扮演重要的政治角色的作家。不过这次由于院里几个重量级人物的坚持，以及舆论的呼吁，瑞典文学院终于打破了这项惯例。

早在1946年，丘吉尔就被提名为诺贝尔文学奖的候选人。瑞典文学院的第一篇研究报告是由德高望重的学院前任常任秘书霍尔斯·陶穆执笔的，他对丘吉尔那部描写他们的祖先打败法王路易十四的传记较为欣赏，但他认为荣获诺贝尔文学奖仅仅根据这一部为祖先歌功颂德的作品是不够的，最终还是用"细密的批评之筛"把它给筛掉了。

时隔两年，瑞典文学院又委托安伦教授撰写了第二份研究丘吉尔的报告，这份报告充分肯定了《世界危机》的重要文学价值，还特别推荐丘吉尔在政治演说方面的才能。虽然安伦教授认为丘吉尔有资格获奖，但瑞典皇家科学院还是拖了五年，才在诺贝尔文学奖角逐并不激烈的1953年，把诺贝尔文学奖颁给了丘吉尔。

给丘吉尔带来这一巨大荣誉的是他呕心沥血创作的《第二次世界大战回忆录》。获奖评语是："由于他在描述历史与传记方面之造诣，同时由于他那捍卫崇高的人的价值的光辉演说。"

《第二次世界大战回忆录》是丘吉尔根据他作为英国首相兼国防大臣的亲身经历写成的。全书约合中文360万字，共分六大部分，于1948—1953年间陆续出版。

丘吉尔写这本书是想把这次人类历史上的大劫难的一些鲜为人知的内幕揭示出来，给人以有益的启示，尤其给后来人以借鉴，怎样对待战争，怎样在战争中运筹帷幄，怎样在自己的国家受到威胁时与敌人进行针锋相对的斗争。同时也提醒人们珍惜生命，爱好和平，为人类创造美好的未来。

当有一个出版商问起丘吉尔是否同意把著作交给他出版时，丘吉尔答道："我不是写书，而是在积累财富。"

他在书中大量引用了政府文件、会议记录、来往通电以及他个人保存的档案材料，这些都是一般人难以接触到的。作者以其独特的身份、立场和观察角度写出的这部有很浓厚的个人感情色彩的回忆录，具有很高的文学价值和历史价值；也正因为这样，《第二次世界大战回忆录》获得了诺贝尔奖。

在颁奖典礼上，宣读颁奖词的瑞典学院院士S·齐瓦兹给予其最为权威和至高无上的评价。他说："大政治家和大战士难得也是大作家。我们想起恺撒、马库斯甚至拿破仑……丘吉尔在政治上和文学上的成就如此之大，我们忍不住要将他描绘成拥有西塞罗文才的恺撒大帝。此前从未有过一位领袖人物能两样兼备而且如此杰出。"

瑞典文学院还用了大量动人的词汇给予赞美："丘吉尔成熟的演说，目的敏捷准确，内容壮观动人。犹如一股铸造历史环节的力量……丘吉尔在自由和人性尊严的关键时刻滔滔不绝的演说，却另有一番动人心魄的魔力。也许他自己正是以这伟大的演说，建立了永垂不朽的丰碑。"

　　瑞典文学院院士利列斯·特兰德在颁奖仪式上也对获奖者丘吉尔给予高度评价："在黑暗的年代里，他的言语以及与之相应的行动，唤起了世界各地千百万人们心中的信念和希望。"该院士还借用丘吉尔著作中的一句话来描述丘吉尔本人："在人类冲突的领域里，以前还从未发生过这样的事：如此众多的人都应该深深地感激一个人。"

　　在每年仅有一名的诺贝尔文学奖得主中，丘吉尔被认为占有特殊的地位，瑞典文学院在颁奖词中还给予高度赞美："一项文学奖本来意在把荣誉给予作者，然而这一次却相反，是作者给了这项文学奖以荣誉。"

　　丘吉尔在得到获奖的消息后十分高兴，表示十分珍视这次用以表扬他文学作品的"如此大的奖赏"，决定亲自到斯德哥尔摩领奖。后来他因参加在百慕大召开的一次国际性高峰会议，无法分身，只好委托夫人和女儿出席颁奖典礼。

　　他的夫人和女儿玛丽都得到瑞典国王的热情款待。典礼后，丘吉尔夫人在斯德哥尔摩市政厅的宴会上，满怀深情地朗读丈夫的答谢词。这篇演讲词再一次展示了丘吉尔的杰出才华。他说：

　　"诺贝尔文学奖在我心目中是意外的殊荣，很遗憾我职责在身，不能亲自来斯德哥尔摩，从你们敬爱的国王陛下手中领奖。你们容许我将此任务托付给吾妻，我感激不尽。我有幸列名的案卷代表20世纪世界文学的种种杰出成就。瑞典学院的判断是整个文明世界公认为无私、可信又诚恳的。诸位决定将我收录在内，我引以为荣，也承认有点害怕。但愿你们没有错。我觉得你我双方都冒着相当的危险，我觉得自己不配得奖。不过诸位若不担心，我也不再存疑。"

　　当丘吉尔夫人在鸦雀无声的市政厅里朗读结束时，在场的近千人迅即报以无比热烈的掌声，以表达对丘吉尔这位伟大的政治家、演说家和历史作家的祝贺与尊敬。

丘吉尔年表

1874年11月30日，温斯顿·丘吉尔诞生于英国牛津郡伍德斯托克镇布伦海姆宫。

1881年，就读于阿斯科特的圣乔治贵族子弟寄宿学校。

1884年，转到布莱顿的汤姆逊学校就读。

1887年夏，从汤姆逊学校转到哈罗公学读书。

1893年8月，勉强考入桑赫斯特皇家军事学校。

1895年2月，从桑赫斯特皇家军事学校毕业，获中尉军衔。

1895年3月，以中尉军衔编入皇家第四轻骑兵团。

1895年11月，乘船经纽约赴古巴，作为英军事使节参加西班牙对古巴人民的武装镇压，所写战地报道在《每日纪事报》上发表。

1896年9月，随所属第四轻骑兵团驻防于印度南部班加罗尔。

1897年9月，参加对印度马拉坎德地区少数民族的征讨，险些丧生。

1898年3月，第一部报告文学《马拉坎德野战军纪实》问世，全书300页。8月，乘船赴埃及，加入在苏丹的英国皇家第21轻骑兵团。

1899年10月，英布战争爆发，辞去军职，应伦敦《晨邮报》之约去非洲采访南非战争新闻。同时，报告文学《尼罗河上的战争》一书由朗曼公司出版。

1900年2月，小说《萨伏罗拉》出版。5月，报告文学《从伦敦到莱迪史密斯》和《伊恩·汉密尔顿的进军》出版。10月，当选为奥德姆地区的保守党议员，进入国会，开始他的政治生涯。

1905年，脱离保守党，成为自由党议员。

1906年，撰写的《伦道夫·丘吉尔勋爵》由麦克米伦公司出版。

1908年，任阿斯奎斯政府的商务大臣，进入内阁，时年33岁。

1910年1月，演讲集《人民的权利》由霍德和斯托顿公司出版。2月，在丹迪市参加大选获胜，当选为自由党议员。就任阿斯奎斯政府内政大臣。11月，在丹迪市参加大选获胜，再次当选为自由党议员。

1911年10月，转任海军大臣。

1914年7月28日，奥匈帝国向塞尔维亚宣战，第一次世界大战爆发。8月2日，自行下达命令海军动员，第二天才得到内阁的追认。8月4日，英国对德国宣战。

1915年，主张派兵攻打达达尼尔海峡，结果战事失利，损失惨重，被迫离开海军部，改任不管部大臣。11月，辞去内阁职务去法国前线参加战斗。12月底，被任命为皇家苏格兰毛瑟枪营营长。

1916年，放弃军职，以无党派议员身份回到议会，重新开始政治生涯。

1917年7月，被劳合·乔治提名为军需大臣。

1918年11月11日，第一次世界大战结束。再次当选为丹迪市自由党议员。

1919年1月，在联合政府中就任陆军大臣兼空军大臣，敦促英国政府干涉俄国。

1921年，转任殖民地事务大臣。

1922年9月15日，在对土耳其的争端中持强硬态度。10月，两党联合破裂，政府倒台；失去殖民地事务大臣职务，在丹迪市的大选中落选，遭到第一次失败。

1923年11月，在莱斯特选区参加大选遭到第二次失败。

1924年2月，同自由党分手。3月，在威斯敏斯特选区以"独立的反社会主义者"名义参加补缺选举遭到第三次失败。10月，以"宪政主义者"名义代表保守党参加埃平选区选举获胜。11月，就任鲍德温政府财政大臣。

1929年，保守党政府下台，从此失去大臣职位达十年之久。

1929年—1939年，没有在内阁担任任何职务，也未参加党派政治，专心从事写作。这期间出版了五卷本回忆录《世界危机》(1923年—1931年)、传记著作《我的早年生活》(1930年)、四卷本《马尔巴罗传》(1933年—1938年)。

1932年夏，洞察到德国法西斯对世界的危险，注意收集英德关系和双方军备状况报告。

1934年11月，在对国王的答辩中指出英国的国防实力不足以保证"臣民的和平、安全与自由"。

1935年7月，在鲍德温的内阁中任帝国防务委员会下属的空防研究委员会委员。

1936年9月，张伯伦内阁参与签订《慕尼黑协定》出卖捷克斯洛伐克，丘吉尔明确指出这是"全部彻底的失败"。

1938年10月，激烈抨击《慕尼黑协定》。

1939年9月3日，英国向德国宣战，第二次世界大战爆发，受张伯伦邀请担任海军大臣。

1940年5月10日，临危受命，就任联合政府首相。5月26日—6月4日，组织了著名的"敦刻尔克"大撤退。7月10日—11月14日，领导英国人民保卫英伦三岛，并积极展开外交活动，与美苏结盟，形成国际反法西斯统一战线。

1941年6月22日，希特勒进攻苏联的当天，丘吉尔迅速明确地表示"苏联的灾难就是我们的灾难"，保证援助苏联人民。

1941年8月，与罗斯福总统在纽芬兰的普拉森夏湾会晤，发布了关于对德战争的目的和战后和平的宣言，即《大西洋宪章》。以后的政策就是和苏联、美国建立联盟。

1941年12月7日，日本偷袭珍珠港，丘吉尔立即与美国缔结一系列协议，成立联合参谋部和各战区的联合司令部。12月8日，英美对日宣战。

1942年1月，苏、美、英、中等26个国家在华盛顿签订《联合国家宣言》。6月7日，飞往华盛顿讨论进攻北非的"火炬"计划。8月12日，飞往莫斯科同斯大林会晤，讨论推迟开辟第二战场。

1943年8月14日—24日，丘吉尔、罗斯福在加拿大的魁北克会谈，讨论开辟第二战场问题。

1943年11月22日—26日，英美中三国政府首脑在开罗举行会议，发表《开罗宣言》。

1943年11月28日—12月1日，丘吉尔、罗斯福、斯大林在德黑兰举行英美苏三巨头会议，发表《德黑兰宣言》。

1944年6月6日—7月18日，英美在法国北部实施诺曼底登陆战役，"霸王"行动开始，英美在欧洲开辟第二战场。

1945年2月4日—11日，英美苏政府首脑在苏联克里米亚的雅尔塔举行会议，签订《雅尔塔协定》。

1945年4月30日，希特勒自杀。

1945年5月23日，丘吉尔辞职，解散战时联合政府，组织看守政府。7月5日，举行全国大选，17日—25日，参加波茨坦会议，与斯大林、杜鲁门会谈。7月26日，在大选中失败，辞去首相职务。8月15日，日本宣布投降。

1945年到1951年间，写了他一生中最重要的著作《第二次世界大战回忆录》（共六卷，1948年—1953年）。

1946年3月5日，在密苏里州富尔敦的威斯敏斯特学院发表"铁幕"演说。9月，在苏黎世提议成立"欧洲议会"。

1949年，参加欧洲议会第一次斯特拉斯堡大会。

1951年，保守党在选举中获胜，以77岁高龄再次出任内阁首相。

1953年，获得嘉德勋士爵位和诺贝尔文学奖。12月，参加英、美、法三国首脑百慕大会议。

1954年11月，获"下院之父"的荣誉称号。

1955年4月5日，因年事已高辞去首相职务，但仍留在下院，专心撰写四卷本《英语民族史》(1956年—1958年)。

1963年4月9日，美国总统肯尼迪授予"美国荣誉公民"的称号。

1965年1月24日，温斯顿·丘吉尔与世长辞，享年91岁。

获奖当年世界大事记

（1953年）

2月12日，北欧理事会正式组成，总部设在瑞典首都斯德哥尔摩。

3月5日，斯大林逝世。6日，马林科夫被选为苏共中央书记。

4月7日，瑞典的达格·哈马舍尔德当选为联合国秘书长。

4月26日，美韩被迫恢复与中朝会谈。

5月21日，法国迈耶政府倒台。

6月17日，柏林事件爆发。

6月18日，埃及废除君主制，成立共和国。纳吉布任总统兼总理。

6月28日，拉尼埃内阁组成。

7月26日，卡斯特罗率150名青年攻打蒙卡达兵营。后称"七·二六运动"。

7月27日，朝鲜停战协定及其临时补充协议在板门店正式签字。

8月19日，伊朗领导军事政变的萨希迪将军组成了新政府。

9月6日，联邦德国举行大选。阿登纳的联合内阁取得胜利。

9月7日，苏共中央全会选举赫鲁晓夫为苏共中央第一书记。

10月19日，埃及同英国在开罗签订苏伊士运河区协定。

10月15日，丘吉尔获诺贝尔文学奖。

10月22日，老挝与法国签订友好合作条约。

11月9日，柬埔寨王国宣告独立。

11月29日，日本政界人士鸠山等人成立日本民主党。